Die Herabsetzung des Grundkapitals bei Aktiengesellschaften und die Aktieneinziehung.

Von

Dr. iur. et rer. pol. Erwin Enzensberger
Rechtspraktikant in Augsburg.

Druck von U. E. Sebald, Kgl. Bayer. Hofbuchdruckerei, Nürnberg.

Inhalts-Verzeichnis.

Literatur.

Archiv für Theorie und Praxis des allgemeinen deutschen Handels- und Wechselrechts, Berlin 1883.

Behrend J. Fr., Lehrbuch des Handelsrechts, Erster Band, Abteilung II, Berlin 1896.

Beigel R., Das Buchführungsrecht der Aktiengesellschaften.

Brand A., Die Registersachen in der gerichtlichen Praxis, Berlin 1906.

Canto, Die Herabsetzung des Grundkapitals der Aktiengesellschaften mittels Zusammenlegung von Aktien; Dissertation, Köln 1896.

Cosack Conrad, Lehrbuch des Handelsrechts, 5. Aufl., 1900.

Dove-Apt: Gutachten der Ältesten der Kaufmannschaft von Berlin; Berlin, Carl Heymanns Verlag, 1900.

Drucksachen des Reichstags, 5. Legislatur-Periode, IV. Session 1884 und 9. Legislatur-Periode, IV. Session 1895/97.

Endemann, Das deutsche Handelsrecht.

Entscheidungen des Reichsgerichts in Zivilsachen (RG.).

Entscheidungen des Reichs-Oberhandelsgerichts (ROHG.).

Entscheidungen des Kammergerichts in Sachen der freiwilligen Gerichtsbarkeit (KG.).

Entscheidungen des Obersten Landesgerichts für Bayern in Gegenständen des Zivilrechts und Zivilprozesses.

Entwurf eines Gesetzes betr. Kommanditgesellschaften auf Aktien und Aktiengesellschaften nebst Begründung und Anlagen vorgelegt dem Bundesrat am 7. September 1883; Berlin (C. Heymann) 1884.

Entwurf eines Handelsgesetzbuchs nebst Denkschrift, aufgestellt im Reichsjustizamt (Guttentag'sche Ausgabe) 1896.

Esser R. u. F.: Die Aktiengesellschaft nach den Vorschriften des Handelsgesetzbuchs vom 10. Mai 1897, 3. Aufl., Berlin 1907.

Fischer R., Die Bilanzwerte, was sie sind und was sie nicht sind; Leipzig (Dieterich'sche Verlagsbuchhandlung), I. Teil 1905, II. Teil 1908.

Förster H. W., Nachschußpflicht bei Aktiengesellschaften; Dissertation, Göttingen 1903.

Frankenburger H., Handelsgesetzbuch für das deutsche Reich, Handausgabe; 2. Aufl., München 1902.

Friedberg E., Die Handelsgesetzgebung des deutschen Reiches; HGB. vom 10. Mai 1897 u. a.; 9. Aufl., Leipzig 1908.

Gareis K., Handelsgesetzbuch vom 10. Mai 1897, Handausgabe; 3. Aufl., München 1905.

Goldmann S., Das Handelsgesetzbuch vom 10. Mai 1897; Berlin, Band II, 1905.

Goldschmidt, Zeitschrift für das gesamte Handelsrecht; Stuttgart, Verlag von Ferd. Enke.

Hahn E., Die gesamten Materialien zu den Reichsjustizgesetzen, fortgesetzt von B. Mugdan; VI. Band: Materialien zum Handelsgesetzbuch; Berlin 1897.

Hahn, Kommentar zum Handelsgesetzbuch, 3 Bände.

Handwörterbuch der Staatswissenschaften.

Hergenhahn Th., Das Reichsgesetz betr. die Kommanditgesellschaften a. a. und die Aktiengesellschaften vom 18. Juli 1884; Berlin 1891.

Holdheim, Monatsschrift für Handelsrecht und Bankwesen.

Juristische Wochenschrift.

Klemperer B., Die rechtliche Natur der Genußscheine, Dissertation, Halle a. S. 1898.

Lehmann K., Recht der Aktiengesellschaften, 2 Bände, Berlin 98/04.

Lehmann K., Lehrbuch des Handelsrechts; Leipzig 1908.

Lehmann-Ring, Das Handelsgesetzbuch für das deutsche Reich; Kommentar, Berlin 1902.

Leist E., Die Sanierung der Aktiengesellschaften; Berlin 1905.

Litthauer, Das Handelsgesetzbuch vom 10. Mai 1897, 11. Aufl. in Guttentag'sche Sammlung deutscher Reichsgesetze, Berlin 1900.

Makower H., Das allgemeine deutsche Handelsgesetzbuch mit Kommentar, 4. Aufl., Berlin 1871 und 12. Aufl., Berlin 1900—1904.

Materialien zum Handelsgesetzbuch und zum Einführungsgesetz, bei Carl Heymann, Berlin 1897.

Motive zum Entwurf der Novelle betr. Aktiengesellschaften vom 11. Juni 1870.

Neumann H., Jahrbuch des deutschen Rechts.

Pinner A., Das deutsche Aktienrecht, Kommentar zu Buch 2, Abschnitt 3 und 4 des Handelsgesetzbuchs vom 10. Mai 1897; Berlin 1899.

Protokolle der Kommission zur Beratung eines Handelsgesetzbuchs, Bd. III.

Puchelt, Kommentar zum allgemeinen deutschen Handelsgesetzbuch, bearbeitet von R. Förtsch, 4. Aufl., Leipzig 1893/94.

Rehm H., Die Bilanzen der Aktiengesellschaften; München 1904.

Renaud A., Das Recht der Aktiengesellschaften, 1. Aufl.; Leipzig 1863.

Riesser, Die Neuerungen im deutschen Aktienrecht; Berlin 1899.

Ring, Das Handelsgesetzbuch für das deutsche Reich, erläutert Buch II.

Saling, Börsenpapiere. Erster (Allgemeiner) Teil. Die Börse und die Börsengeschäfte, 11. Aufl.; Berlin und Leipzig 1908.

Saling, Börsenpapiere. Zweiter (Finanzieller) Teil. 29. Aufl.; Leipzig 1905.

Seuffert, Archiv.

Seuffert, Blätter für Rechtsanwendung.

Simon H. V., Die Bilanzen der Aktiengesellschaften und der Kommanditgesellschaften a. a., 2. Aufl.; Berlin 1898.

Staub, Kommentar zum Handelsgesetzbuch, 8. Aufl.; Berlin 1906.

Thoel H., Das Handelsrecht; 6. Aufl., Leipzig 1879.

Verhandlungen über das Allgemeine deutsche Handelsgesetzbuch.

Verhandlungen des deutschen Reichstags.

I.

Das Grundkapital.

Das Fundament der Aktiengesellschaft ist das Grundkapital. Es ist die Voraussetzung ihres Entstehens, die Grundlage ihres Kredits, die Grenze der Beitragspflicht der Aktionäre. Diejenigen, die das Kapital aufgebracht haben oder ihre Rechtsnachfolger bilden die Aktiengesellschaft, eine Personenvereinigung, die kein anderes Band verknüpft, als der für die Regel zutreffende Zweck, eine möglichst hohe Rente aus dem eingelegten Kapital zu bekommen.

Die Aktiengesellschaft ist den Aktionären gegenüber etwas Selbständiges, sie ist juristische Person. Die Aktionäre geben ihre Einlagen dauernd an ein fremdes Subjekt weg und erkaufen sich dafür eine fortlaufende Rente, deren Höhe von dem Glück oder Unglück der Gesellschaft abhängt. Daran ändert nichts die zufällige Tatsache, daß sie vielleicht schon in kurzem für ihre Rentenberechtigung wieder ein Kapital eintauschen, welches dem hingegebenen gleich oder größer oder kleiner als dieses sein kann. Sie haben aus ihrem Vermögen ein Kapital ausgeschieden und dafür eine der Höhe nach schwankende Rentenberechtigung erworben, die sich allerdings durch Verkauf oder durch Ablösung seitens der Gesellschaft wieder in Kapital umwandeln kann. Sie haben es nicht etwa hingegeben in der Weise, daß sie wie bei einem Darlehen eine Forderung in gleicher Höhe gegen die Gesellschaft erworben hätten; das Grundkapital gehört vielmehr der Aktiengesellschaft zu Eigentum solange sie existiert, ohne daß sie gegenüber den Aktionären Schuldnerin für dieses Kapital geworden wäre. Während der Zeit des Bestehens der Gesellschaft haftet es deren Gläubigern. Ist die Gesellschaft beendigt und die dem Kapital zugedachte Haftung gegenüber den Gläubigern durch die Befriedigung derselben zwecklos geworden, so ist das noch vorhandene, sei es mehr oder weniger als das eingebrachte Kapital, unter die Aktionäre zu verteilen (§ 300 HGB.). Praktisch muß eine solide Aktiengesellschaft darauf bedacht sein, wenigstens das eingezahlte Grundkapital zu konservieren, damit die Aktionäre bei Beendigung der Gesellschaft durch das Aufhören der Rentenberechtigung keinen Verlust erleiden.

Das Grundkapital ist also keine Schuld der Gesellschaft, vielleicht Vermögen derselben; dennoch hat es gemäß positiver Gesetzesvorschriften in der Bilanz unter den Passiven zu erscheinen. Seine Bedeutung an dieser Stelle ist, summiert mit den übrigen Passiven den Betrag anzugeben, der von den Aktiven mindestens erreicht werden muß, damit von einem Reingewinn die Rede sein kann. Dieser wichtigste Passivposten hat also für den Aktionär die große Bedeutung, daß er auf eine Verteilung von Reingewinn nicht rechnen kann, solange nicht die Aktiven die Passiven, deren Hauptziffer das Grundkapital ist, übersteigen. Diese Funktion der Grundkapitalsziffer in der Bilanz, eine Gewinnausschüttung vor dem gedachten Zeitpunkt zu verhindern, liegt im Interesse der Gläubiger. Denn das eingezahlte Grundkapital hat ihnen für die Schulden der Gesellschaft zu haften, und sie müssen eine Gewähr dafür haben, daß unter die Aktionäre nicht eher etwas verteilt wird, als es ihnen unter Respektierung dieser Haftung zukommt.

Der Betrag des Grundkapitals ist unter die Passiva aufzunehmen (§ 261 Ziff. 5), d. h. nicht ein beliebiger Teilbetrag, sondern der volle statutenmäßige Betrag; ein geringerer Betrag darf nur dann aufgenommen werden, wenn das förmliche Verfahren der Grundkapitalsherabsetzung stattgefunden hat. Dies gilt selbst dann, wenn das Grundkapital noch nicht voll eingezahlt ist, es gilt auch in dem Falle der Unter-pari-Emission, die allerdings bei dem gegenwärtig in Deutschland geltenden Aktienrecht durch § 184[1] HGB. ausgeschlossen ist.

Eine ungesetzliche Praxis ist es, wenn das noch nicht voll einbezahlte Grundkapital nur zu dem Betrag, der wirklich einbezahlt ist, in die Bilanz eingestellt wird. Zwar wird behauptet, es sei im Effekt gleichgültig, ob man unter den Passiven die statutenmäßige Höhe des Grundkapitals bucht und den Betrag, der noch nicht einbezahlt ist, unter den Debitoren auf der Aktivseite einstellt, oder ob man allein die Differenz aus dem statutenmäßigen Grundkapital und dem noch ausstehenden Rest, das ist das schon eingezahlte Grundkapital, unter die Passiven stellt. Doch verstößt die letztere Buchungsart gegen den klaren Wortlaut des Gesetzes. Wir können davon absehen, daß § 261 Ziff. 5 den Betrag des Grundkapitals, nicht etwa nur den eingezahlten Teil desselben, auf die Passivseite verweist. Es war sogar ursprünglich beabsichtigt, im Entwurf eine Bestimmung einzuführen, daß das im Gesellschaftsvertrag bestimmte Grundkapital unter den Passiven aufzuführen sei; diese Fassung wurde nur aus dem Grunde nicht angenommen, weil sich Schwierigkeiten für diejenigen Gesellschaften älteren Rechts ergeben hätten, bei denen eine Liberierung von noch ausstehenden Verpflichtungen auf das Grundkapital ohne eine förmliche Herabsetzung stattgefunden hatte. Außerdem schreibt § 40, auf den § 261 ausdrücklich verweist, vor, daß sämtliche Vermögensgegenstände und Schulden nach dem Werte im Zeitpunkt der Aufstellung anzusetzen sind. Zu diesen Vermögensgegenständen gehören auch die Forderungen auf das noch nicht einbezahlte Grundkapital. Es würde also den in §§ 39 und 40 aufgestellten Grundsätzen der Bilanzklarheit und Wahrheit widersprechen, würden die Forderungen auf das noch nicht einbezahlte Grundkapital verschwiegen. Für die Gläubiger, in deren Interesse jene Grundsätze aufgestellt sind, ist der Posten der Debitoren von großer Wichtigkeit. Es ist nicht einmal rein zahlenmäßig gleichgültig, ob die eine oder die andere der genannten Buchungsarten gewählt wird; dies wäre nur dann der Fall, wenn die Forderungen absolut unzweifelhaft sind; sonst müßten nach § 40³ zweifelhafte Forderungen nach ihrem wahrscheinlichen Werte eingesetzt, uneinbringliche abgeschrieben werden, die Anwendbarkeit dieser Vorschrift würde bei der gegenteiligen Buchungsart ausgeschlossen und die Möglichkeit einer ungesetzlichen Bilanzverschleierung gegeben sein.

Aber auch in den praktischen Konsequenzen ist es nicht gleichgültig, ob der Betrag des Grundkapitals unter den Passiven und die Ausstände auf das Aktienkapital unter den Aktiven oder aber ob nur das wirklich einbezahlte Grundkapital in den Passiven steht. Nach der letzteren Aufstellung ist die Grundkapitalsziffer eine niedrigere. Sollte dann diese niedrigere Ziffer etwa auch maßgebend sein für die Bemessung der im § 262 Ziff. 1 vorgeschriebenen gesetzlichen Mindesthöhe des Reservefonds?

Die Buchung eines geringeren als des im Gesellschaftsvertrag angegebenen Grundkapitals wäre erst von dem Augenblick an zulässig und korrekt, in dem eine beschlossene Herabsetzung als durchgeführt zu gelten hat. Ohne dieses förmliche Verfahren bleibt die Grundkapitalsziffer ewig die gleiche.

Sie bleibt unveränderlich in der statutenmäßigen Höhe auch, wie schon erwähnt, im Falle der Unter-pari-Emission, die aber im gegenwärtigen Rechte verboten ist. Früher hatte sie viele Anhänger; man berief sich vor der Novelle von 1884 zu ihren Gunsten auf die bessere Absatzfähigkeit der Aktien und fand darin nichts Bedenkliches, weil die Aktien nur Quotenberechtigungen am Unternehmen ausdrücken und demnach nicht die Ziffer des Nominalbetrages, sondern die Zahl der konkurrierenden Aktien ausschließlich entscheidend sei. Die ursprüngliche Emission unter pari aber würde zu Gesellschaften führen, welche von Anfang an des statutenmäßigen Grundkapitals entbehren und bewußt mit einer Unterbilanz geschaffen werden. Unter-pari-Emission bei schon bestehenden Gesellschaften, also im Fall der Erhöhung des Grundkapitals, wurde angefochten, indem man mit Recht sagte, daß sie einen Teil des Grundkapitals den Gläubigern entziehe, Unrichtigkeiten in der Bilanz zur Folge habe, Täuschungen herbeiführe und zu solchen absichtlich benützt werden könne. Die Begründung des Entwurfs von 1884 befürwortete die Unter-pari-Emission als ein von dem Verkehrsbedürfnis geschaffenes Mittel, es sei nur der Mißbrauch desselben zu verhüten. Von einer Gefährdung der Gläubiger könne bei derselben dann keine Rede sein, wenn nicht der Emissionspreis, sondern der Nominalbetrag des erhöhten Grundkapitals in die Bilanz als Passivum eingestellt wird. Dies schrieb der Entwurf auch ausdrücklich vor in Art. 239c Abs. 1 mit Art. 185a Ziff. 5. Dividendenverteilungen sind dann erst nach Ergänzung der Differenz möglich. Die Bestimmung in dem Entwurf lautete:

> „Ist in dem Fall einer Erhöhung des Gesamtkapitals der Betrag, für welchen die Aktien ausgegeben sind, niedriger als der Nominalbetrag, so bleibt der letztere maßgebend.“

Man sieht auch hier die Hochhaltung des Grundsatzes der Stabilität des Grundkapitals, das keine Herabsetzung zuläßt, die nicht durch das förmliche Verfahren der §§ 288—291 herbeigeführt ist.

Es ist noch eine dritte Erscheinung denkbar — eine vierte ist bei Gelegenheit der Aktieneinziehung aus dem Reingewinn zu erörtern —, die dazu mißbraucht werden könnte, eine Herabsetzung des Grundkapitals im Widerspruch mit den gesetzlichen Bestimmungen über die Herabsetzung herbeizuführen. Wir denken an das Institut der sogenannten „unbegebenen Aktien" — eine Anzahl Aktien wird überhaupt nicht ausgegeben —, es ist dies allerdings nach geltendem deutschen Recht ebenfalls ausgeschlossen, da nach §§ 188 und 189 im Falle der Simultangründung die Gesellschaft als errichtet gilt, wenn die Gründer alle Aktien übernommen haben und im Falle der Sukzessivgründung der Errichtung der Gesellschaft erst die Zeichnung der übrigen von den Gründern nicht übernommenen Aktien vorherzugehen hat. Nach gegenwärtigem Recht gibt es also keine Errichtung einer Aktiengesellschaft, ehe nicht alle Aktien entweder von den Gründern übernommen oder die nicht übernommenen Aktien gezeichnet sind. Dennoch findet sich in den Bilanzen einiger Gesellschaften auf der Aktivseite der unzulässige Posten „Unbegebene Aktien". Könnte auf diesem Wege der Effekt einer Herabsetzung des Grundkapitals erreicht werden? Angenommen eine Gesellschaft soll entstehen mit einem Grundkapital von 10000000 Mk. Bei der Zeichnung stellt sich heraus, daß 2000000 Mk. nicht unterzubringen sind. Die Gesellschaft wird trotzdem in ungesetzlicher Weise errichtet und zwar mit einem Grundkapital von 10000000 Mk., vielleicht mit der ganz ehrlichen Absicht, die noch nicht gezeichneten 2 000 000 Mk. vorläufig im eigenen Portefeuille zu behalten und sie später abzusetzen. Wir hättendann folgende Bilanz:

Aktiva		Passiva	
	M.		M.
Diverse Aktiva	8 000 000	Grundkapital	10 000 000
Unbegebene Aktien	2 000 000		
	10 000 000		10 000 000

Diese Bilanz ist falsch, sowohl, das ist ohne weiteres klar, wenn Sicherheit besteht, daß die unbegebenen Aktien nicht mehr unterzubringen sind; denn sie haben weder gegenwärtigen noch zukünftigen Wert; sie ist aber auch falsch, wenn noch Hoffnung besteht, sie unterzubringen. Da ein Begebungsvertrag bezüglich dieser Aktien noch nicht stattgefunden hat, sind sie ungültige Urkunden, haben also auch in diesem Fall keinen gegenwärtigen Wert, sie stellen kein Vermögensstück der Gesellschaft dar (vgl. Simon 210). Die Bilanz verstößt in jedem Fall gegen den Grundsatz der Bilanzwahrheit. Der Fehler auf der Aktivseite muß sofort korrigiert werden; nicht aber darf dies auch auf der Passiv-Seite ohne weiteres geschehen. Die entstehende Unterbilanz ist nur im Wege des formellen Herabsetzungsverfahrens zu beseitigen. Bis dies wirklich ausgeführt wäre, hätten wir eine unrichtige Bilanz, einen Zustand, den der Gesetzgeber verhindert hat, indem er die Übernahme oder Begebung aller Aktien zur Voraussetzung der Entstehung der Aktiengesellschaft machte.

Das Grundkapital ist immer kapitalmäßig in einer bestimmten unveränderlichen Geldsumme ausgedrückt. Diese Summe kann ganz oder teilweise eingezahlt, wenn teilweise geschuldet, die Schuld eine gedeckte oder ungedeckte sein; auch können statt der zum Stammkapital geschuldeten Geldbeiträge Sachen oder Rechte an Zahlungsstatt gegeben, solche auch sonst aus jenem Kapital angeschafft sein. Das Grundkapital darf aber nicht mit dem Gesellschaftsvermögen identifiziert werden. Wohl stellt im Augenblick der Gründung das Grundkapital den Gesamtbetrag des Vermögens der Gesellschaft dar, das ändert sich aber später; Gesellschaftsvermögen ist die Gesamtheit der aktiven und passiven Vermögenswerte der Gesellschaft. Der Betrag dieses Gesellschaftsvermögens ist steten Schwankungen unterworfen. Das Grundkapital dagegen ist nur eine Ziffer, eine mathematische Größe. Das Gesellschaftsvermögen kann größer, vielleicht ein Vielfaches des Grundkapitals, aber auch kleiner als dieses sein. Das Grundkapital hat die Aufgabe eines Minimal-Garantie-Fonds zugunsten der Gesellschaftsgläubiger, welche es nur in seiner Unveränderlichkeit erfüllen kann. Allerdings ist es nicht ganz unabhängig vom Schicksal des Gesellschaftsvermögens. Eine Verminderung dieses kann auch eine Herabsetzung des Grundkapitals notwendig machen. Wie das Grundkapital zum Vermögen der Gesellschaft, so verhält sich der Nominalbetrag der Aktie zu dem Wert des Anteilrechts, welches dem Aktionär zusteht.

II.

Wirtschaftliche Bedeutung der Herabsetzung.

So zahlreich im einzelnen die Gründe sein können, die zu einer Herabsetzung führen, lassen sich doch alle in zwei Kategorien zusammenfassen: Aktivenüberfluß auf der einen Seite, dem entspricht die effektive Herabsetzung, sei es daß dieser Überschuß der Aktiven sich im ordentlichen Geschäftsbetrieb ergibt oder aber außerordentlicherweise eintritt, z. B. bei Veräußerung von ganzen Betriebszweigen, oder sonstigen größeren Aktivbeständen und dadurch herbeigeführter plötzlicher Kapitalsüberschwemmung — Aktivenmangel auf der anderen Seite und damit bewirkte Unterbilanz, dem entspricht die ziffernmäßige Herabsetzung, welche ohne Auskehrung von Gesellschaftsvermögen lediglich in einer Korrektur der Kapitalsziffer auf einen niedrigeren Betrag besteht.

Die Denkschrift zum Entwurf eines HGB. S. 77 ff. nennt als Zwecke der Herabsetzung die teilweise Rückzahlung des Grundkapitals auf sämtliche Aktien, dies als besonders wichtiges Beispiel; daneben aber auch noch andere, insbesonders die Befreiung der Aktionäre von noch nicht geleisteten Einzahlungen, die Amortisation eines Teiles der Aktien, die Beseitigung einer Unterbilanz, die Umwandlung eines Teiles des Grundkapitals in einen der freien Verfügung unterliegenden Reservefonds. Diese unglückliche Einteilung ist aus der Denkschrift in eine Reihe von Kommentaren und Lehrbüchern übergegangen. Wir wollen darauf kein Gewicht legen, daß das Beispiel der Beseitigung einer Unterbilanz ungleich wichtiger ist als die teilweise Rückzahlung des Grundkapitals; deren Überschätzung rührt noch von der früheren Systematik der hierher bezüglichen gesetzlichen Bestimmungen her, wo sie neben der Herabsetzung genannt wurde. Die neuere Wissenschaft betrachtet die teilweise Rückzahlung nicht mehr als der Herabsetzung nebengeordnet, sondern lediglich als eine verhältnismäßig seltene Ausführungsmöglichkeit der Herabsetzung. Nicht wesentlich davon verschieden ist die Befreiung der Aktionäre von noch nicht geleisteten Einzahlungen, bei welcher die Rückzahlung nicht körperlich oder durch Gutschrift, sondern durch Verzicht auf Forderungen erfolgt. Vollends verfehlt aber ist es, die Amortisation als Zweck der Herabsetzung anzugeben. Die

Amortisation ist wiederum nur eine Ausführungsart der Herabsetzung, deren Zweck vielleicht Beseitigung einer Unterbilanz oder Bildung eines freien Reservefonds oder Abstoßung überflüssigen Aktivvermögens oder antizipierte Liquidation oder ein ähnlicher ist.

Einfach sind die Vorgänge, wenn es sich um die Beseitigung eines Aktiven-Überschusses handelt. Weniger kommt hier ein solcher in Betracht, wie er sich im ordentlichen Geschäftsbetrieb ergibt — ein solcher ist unschädlich und äußert seine Wirkung in hohen Gewinnsten und entsprechend hohem Kursstand der Aktien —, es müßte denn sein, daß es sich um die Verteilung eines im Laufe von Jahren angesammelten Fonds handelt, der aus solchen regelmäßigen Überschüssen gebildet wurde. Wir denken hier vielmehr an jene Fälle, wo der Aktiven-Überschuß nicht wirklicher Gewinn ist, sondern Gegenwert für Stücke des Gesellschaftsvermögens. Die Gesellschaft veräußert z. B. einen Teil ihres Betriebes, einen ganzen Fabrikationszweig, ein für ihre Zwecke entbehrliches Grundstück, ein Gebäude usw.; es kann sein, daß diese Veräußerung ihr Zweck ist z. B. bei Terraingesellschaften. In all diesen Fällen ist das, was die Gesellschaft als Entgelt bekommt, nicht als Gewinn anzusprechen; die Gesellschaft würde sonst, wollte sie dieses so behandeln, ihr Vermögen verteilen. Was hier wieder hereinkommt, ist nicht Reingewinn, sondern ein Teil des seinerzeit einbezahlten Grundkapitals, das dann in diesen Werten festgelegt worden ist, allerdings vielleicht vermehrt um eine Gewinnquote, die sich nach Abzug der in der Zwischenzeit verlorenen Zinsen und der aufgewendeten Spesen ergibt. Wenn nun dieses wieder mobilisierte Kapital nicht in der Gesellschaft zur neuerlichen Verwendung kommen soll, wird es als überflüssig abgestoßen, indem es an die Aktionäre zurückbezahlt wird, entweder so, daß einzelne Aktien ganz oder auf jede Aktie ein Teilbetrag zur Rückzahlung gelangt. Das ist gewissermaßen eine teilweise vorweggenommene Liquidation.

Eine solche Herabsetzung kann vorkommen als einmalige oder doch wenigstens außerordentliche, sie kann aber auch eine wiederkehrende, planmäßig fortschreitende sein. Beispiele der letzteren liefern die Terraingesellschaften. Diese haben ihr ganzes Kapital in Grundstücken festgelegt. Ist ein größerer Komplex hievon verkauft, so können die Mittel, wenn sie nicht wieder wie bisher zum Ankauf neuer Gründe verwendet werden sollen, zur Verteilung gelangen, sie sind überflüssig geworden; ein Schauspiel, das sich bei gleicher Voraussetzung wiederholt.

Ganz regelmäßig kehren diese Herabsetzungen bei den sogenannten „heimfälligen Aktiengesellschaften" wieder, wie sie z. B. viele österreichische Privateisenbahngesellschaften darstellen, die unter der Bedingung für eine Reihe von Jahren konzessioniert wurden, daß nach Ablauf dieser Zeit das ganze nicht bare Vermögen abzüglich des Mehrwertes des rollenden Materials gegen die bei der Konzession vorgeschriebene erste Anschaffung, ferner des Reservefonds unentgeltlich auf den Staat übergehen. In diesem Falle würden nach Ablauf der Konzession die Aktionäre vor dem Nichts stehen; sie wären dafür allerdings durch sehr hohe Dividenden in der Zwischenzeit entschädigt. Man geht daher praktisch im Interesse der Gleichmäßigkeit von Kurs und Dividende so zu Werk, daß man alljährlich den Nennbetrag einer bestimmten Anzahl von Aktien, solange bis alle getilgt sind, nach Auslosung zurückbezahlt. Auf diese Weise wird der Übelstand vermieden, daß die Aktien einer immer größeren und schließlich vollständigen Entwertung ausgesetzt sind. Es ist das ein einfacherer Weg, als vielleicht der wäre, diese Summen statt sie zur sofortigen alljährlichen Einziehung zu verwenden, zu admassieren und hieraus einen nach Auflösung der Gesellschaft zur Verteilung an die Aktionäre bestimmten Liquidationsfonds zu bilden.

Es lassen sich aber auch bei gewöhnlichen Gesellschaften zahllose Fälle denken, wo ein plötzlicher Aktiven-Überschuß auftritt, der zu einer Kapitalsverteilung führen kann. Es sind z. B. die zum Gesellschaftsunternehmen erforderlichen Anlagen billiger, als ursprünglich vorauszusehen war, hergestellt worden; es kann dies ein glücklicher Zufall, es kann aber auch die Folge falscher Berechnung sein, indem gleich zu Anfang das Grundstockvermögen zu großzügig angelegt wurde und so ein Überschuß nicht verwendbaren Kapitals bleibt, oder es kann sich ergeben, daß es wirtschaftlich vorteilhafter ist, mit verminderten Betriebsmitteln zu arbeiten, den Betrieb auf einen geringeren, aber rationelleren Umfang abzustellen. Ebenso können veränderte Konjunkturen und damit verbundene Veräußerungen überflüssiges, für den Betrieb nicht notwendiges Kapital zuführen, z. B. eine Aktiengesellschaft hat um einen Teil des Stammkapitals Waldungen gekauft, um Holz zum Brennen zu haben, und geht nun zur wohlfeileren Steinkohlenfeuerung über, erwirbt vielleicht eine eigene, das Feuerungsmaterial billiger liefernde Zeche. Der Erlös aus dem verkauften Walde ist, soweit er über den geringeren jetzt noch für Feuerung notwendigen Betrag hinausgeht, überschüssiges Stammkapital. Oder es kann sich durch Schenkung, durch eine wertvolle Erfindung, durch eine unvorhergesehene Steigerung der Ausbeute, durch Ausbezahlung einer hohen Versicherungssumme, sofern das Objekt, gelegentlich dessen Untergang die Versicherung bezahlt wurde, nicht wieder hergestellt werden soll, ein nicht sofort verwendbarer Aktiven-Überschuß ergeben, der nicht als Gewinn behandelt werden darf. Wenn sich ein solcher Überschuß im Geschäft nicht vorteilhaft verwenden läßt, liegt es im Interesse der Aktionäre, ihn zurückzuzahlen. Doch wird es in vielen Fällen zweckmäßiger sein, derartige unerwartete Bereicherungen nicht sogleich der Verteilung zuzuführen, sondern damit für später umgekehrte Eventualitäten den Reservefonds zu speisen; dies insbesondere dann, wenn der Reservefonds durch vorherige Entnahmen erschöpft oder geschwächt ist, oder wenn er die gesetzlich vorgeschriebene Höhe überhaupt noch nicht erreicht hat.

In all diesen Fällen handelt es sich um eine effektive Herabsetzung, um eine wirkliche Hinausgabe von Aktivwerten aus der Gesellschaft, um eine unmittelbare Verminderung des Gesellschaftsvermögens, die aus den verschiedensten Gründen und zu den mannigfaltigsten Zwecken vorgenommen wird. Wichtiger als diese, weil in der Praxis häufiger, ist die buchmäßige Herabsetzung zur Beseitigung bezw. Vermeidung einer Unterbilanz. Hier erfolgt nicht unmittelbar eine Minderung des Gesellschaftsvermögens zugunsten der Aktionäre, eine solche ist schon vorhergegangen, allerdings ohne eine Bereicherung der Aktionäre, jedenfalls soll sie für die Zukunft als feststehend angenommen werden, da fortan nur das herabgesetzte Grundkapital maßgebend für die Bilanz bleibt. Diese Fälle sind das Gegenstück der behandelten Herabsetzung, dort Aktiven-Überschuß, hier Aktiven-Mangel.

Unterbilanz bedeutet ein Überwiegen der Passiva über die Aktiva. Unzureichende Betriebsmittel, unzuverlässige oder unfähige

Geschäftsführung, mangelhafte Aufsicht, schlechte Konjunktur, außerordentliche Verluste, Krisen usw., das sind in der Regel die Ursachen, welche den Niedergang von Aktiengesellschaften verschulden und außergewöhnliche Hilfsmittel für eine Gesundung erforderlich machen. Eine Abhilfe läßt sich nach zweierlei Richtungen denken, durch Erhöhung der Aktiven mindestens auf das Niveau der Passiven, oder aber durch Verminderung der Passiven mindestens bis zum Niveau der Aktiven. Erhöhung der Aktiven wird bei ohnedies schlechtem Geschäftsgang in den selteneren Fällen rätlich, für sich allein unzulänglich, manchmal sogar unmöglich sein. Sie kann vorkommen in Form von Zuzahlungen, die ohne Erhöhung des Grundkapitals von Aktionären gegen Gewährung von Vorzugsrechten für ihre Aktien geleistet werden und Verwendung derselben zu außerordentlichen Abschreibungen oder zur Deckung außerordentlicher Verluste. Auch ist nicht ausgeschlossen, daß sämtliche Aktionäre ohne Ausnahme, wenn es sich um einen beschränkteren Kreis von solchen handelt, ohne Gewährung von Vorzugsrechten gleichmäßige Zuzahlungen zu den genannten Zwecken freiwillig auf sich nehmen. Solche Aktivenerhöhung für sich allein ist selten durchführbar, und nicht immer zur vollständigen Sanierung genügend. Sie wird dann entweder kombiniert mit einer Passiven-Verminderung oder es wird letztere allein als Ausweg aus der schwierigen Lage gewählt. Es ist klar, daß durch eine Verminderung der Passiven die Unterbilanz beseitigt werden kann, sofern die Verminderung wenigstens bis zur Tiefe der schon vorher oder gleichzeitig verminderten Aktiven geht. Es würden sich dann Aktiva und Passiva gleich stehen, von Gewinn oder Dividende aber noch keine Rede sein. Werden die Passiven noch unter den Stand der Aktiven herabgesetzt bezw. die Passiven noch mehr als die Aktiven vermindert, sind also die Aktiven größer geworden als die Passiven, so entsteht ein Bilanz-Überschuß und damit die neue Möglichkeit eines rentablen Geschäftsbetriebes. Die Verteilung einer Dividende bringt den Kurs der Aktien wieder in die Höhe; ein Papier, das jahrelang keine Dividenden abgeworfen hat, wird normalerweise unter pari gesunken sein. Die Kapitalsherabsetzung ist ein einmaliges Opfer, welches aus diesen ungesunden Zuständen wieder heraushelfen kann.

Verluste von Grundkapital, d. i. von Aktivwerten, in denen dieses investiert ist, können durch außerordentliche Unglücksfälle verursacht sein, wie Kriege, Streiks, Aussperrungen, Konkurrenzkämpfe, Brandschäden, Überschwemmungen, Wetterschäden, Grubenschäden, Einstürze, verbrecherische Eingriffe wie Diebstähle oder Unterschlagungen, Verluste an Menschenleben und dadurch herbeigeführte übermäßige Versicherungs- oder Unterstützungslasten usw. Es kann aber auch sein, daß ohne besondere unglückliche Ereignisse diejenigen Objekte, die das aktive Vermögen darstellen, von selbst im Laufe der Jahre entwertet worden sind. Sie sind z. B. absolut im Werte gesunken, es sind billigere Herstellungsarten aufgekommen, die Absatzverhältnisse haben sich verschoben; oder vielleicht ist diese Entwertung zwar vorausgesehen, aber sie ist schneller eingetreten, als bei den Abschreibungen berücksichtigt worden ist. Kurz es gibt tausenderlei Gründe, die zu einer Sanierung drängen. In solchen Fällen ist es nur mehr eine Anerkennung tatsächlicher Verhältnisse, wenn die Aktiven nicht mehr zu dem ursprünglichen, sondern zu dem gegenwärtigen Werte eingesetzt werden. Das damit in der Bilanz erscheinende Übergewicht der Passiven über die Aktiven wird durch eine gleichmäßige Herabsetzung auch dieser beseitigt. Es wird, wenn nicht dem Reservefonds genügende Mittel entnommen werden können, das Grundkapital herabgesetzt.

Die Notwendigkeit und Zweckmäßigkeit einer Herabsetzung kann sich aber nicht bloß dann ergeben, wenn es sich um während des Geschäftsbetriebs eingetretene Verluste handelt, sondern auch, wenn es sich um bereits bei Errichtung der Gesellschaft zu hoch veranschlagte Illationen handelt. Die Gesellschaft ist z. B. in Zeiten aufstrebender Konjunktur errichtet worden und mußte ihre Anschaffungen zu Hochkonjunkturpreisen betätigen oder sie mußte aus sonstigen Gründen zu teuer kaufen, die Sacheinlagen sind, sei es ohne Verschulden der Beteiligten, sei es infolge unlauterer Machenschaften, überbewertet worden. Auch hier ist wie in allen Fällen eines Verlustes am Grundkapital beim Mangel einer einschränkenden Bestimmung die Herabsetzung desselben zulässig. Kann die Generalversammlung bei der Bilanzprüfung wegen angenommener Entwertung der vorhandenen Waren im Vergleich zu ihrem Einkaufs oder Produktionspreis oder der vorhandenen Grundstücke im

Vergleich zu ihrem Erwerbspreis einen Verlust feststellen, so liegt kein Grund vor, für den Fall, daß befunden wird, es seien gleich bei Errichtung der Aktiengesellschaft die ihre Grundlage bildenden Wertobjekte zu teuer übernommen worden, eine Ausnahme zu statuieren. Der Ansatz der übernommenen Wertobjekte in den Bilanzen nach dem wirklichen Wert ohne Rücksicht auf jenen Übernahmepreis ergibt im entsprechenden Falle, da ihm unter den Passiven das ganze Grundkapital gegenüber zu stellen ist, eine Unterbilanz.

Der einzelne Aktionär hat den durch die Bilanz ausgewiesenen Verlust am Gesellschaftsvermögen anzuerkennen, und diesem Verluste entspricht die Herabsetzung des Grundkapitals, welche nichts als eine rechnungsmäßige Folge des tatsächlich von der Gesellschaft erlittenen Verlustes ist. Die Aktie gibt dem einzelnen Aktionär nur einen verhältnismäßigen Anteil an dem Vermögen der Gesellschaft, dem Reingewinn und Erlöse und ein entsprechendes Stimmrecht. Infolge des eingetretenen Kapitalverlustes, welcher gleichmäßig auf alle Aktien entfällt, ist nunmehr jeder Aktionär als in bezug auf seinen Anteil entsprechend in Verlust geraten nud nur noch nach Maßgabe eines entsprechend geringeren Betrages als beteiligt zu erachten (vergl. Motive und H e r g e n h a h n , Aktiengesetz 1891). Der einzelne Aktionär hat kein Sonderrecht auf die unveränderte Erhaltung des Grundkapitals. Das bilanzmäßige Ergebnis der Minderschätzung seitens der Generalversammlung muß er, soweit sich eine Unterbilanz herausstellt, als Verlust mit Wirkung auf seine Reingewinn-Bezugsrechte wie auf sein Dulden der Anträge auf Konkurseröffnung gelten lassen. Ist es in diesen wichtigen Richtungen für ihn Verlust, so muß es als solcher auch für die zu beschließende Herabsetzung des Grundkapitals gelten (vergl. ROHG. XXV 260 ff.).

Eine Herabsetzung kann übrigens auch vorkommen in Fällen, wo gar kein Verlust eingetreten ist, nämlich in dem Bestreben, die Aktivwerte in der Folge niedriger in die Bilanz aufnehmen zu können, um sich auf diese Weise sogenannte „stille Reserven" zu bilden, d. h. Rücklagen, deren Vorhandensein in der Bilanz zwar angedeutet, deren Höhe aber in derselben nicht ausgewiesen ist. Man kann Bilanzen lesen, bei denen auf der Aktivseite soviel abgeschrieben ist, daß ein großer Vermögenskomplex nur mehr mit

2*

einem Betrag z. B. von 1 Mk. zu Buch steht. In der Bilanz der „Schlesischen Dachstein- und Falzziegelfabriken" in Freiwaldau vom 31. Dezember 1909 (Berliner Börsen-Courier Nr. 132 v. 19. III. 1910) sind folgende sechs Aktivkonti mit je 1 Mk. eingestellt: Utensilien-Konto, Eisenbahn-Terrain-Konto, Eisenbahn-Anschluß-Konto, Licht- und Kraftanlage-Konto, Gespann-Konto, Formen- und Modell-Konto.

Eine solche Prozedur kann sich, wenn sie aus dem Reingewinn oder aus dem Reservefonds erfolgt, eine blühende Gesellschaft gestatten, in diesem Falle ist sie auch unbedenklich. Nicht so ganz einwandfrei dagegen ist das Manöver, wenn schon die unkorrigierten Aktiven nicht höher sind als die Passiven, sodaß, um solche Abschreibungen möglich zu machen, das Grundkapital herabgesetzt werden muß; hier werden Reserven zur freien Verfügung der Gesellschaft auf Kosten der Gläubiger, nämlich unter Verminderung des für dieselben bestimmten Haftungsobjektes gebildet.

Ein ähnlicher Effekt wie bei diesen stillen Reserven, aber mit mehr Offenheit, wird erzielt, wenn die Herabsetzung zur Umwandlung eines Teiles des Grundkapitals in einen der freien Verfügung unterliegenden Reservefonds beschlossen wird. Das ist einer der in der Denkschrift genannten Zwecke, der zwar mit dem vorher behandelten der Beseitigung einer Unterbilanz etwas Ähnlichkeit hat, aber doch in gewissem Sinn einen Gegensatz zu demselben bildet, insoferne es sich hier nicht um Beseitigung einer Unterbilanz als vielmehr um deren Vermeidung für die Zukunft handelt, indem eine Reserve geschaffen wird, mit der einer erst drohenden Unterbilanz begegnet werden kann. In diesem Falle ändert sich in der Bilanz an dem Verhältnis der Aktiven und Passiven nichts. Unter den Passiven geht jedoch ein Teil des Kontos: Aktienkapital in das nachstehende Konto der „freiwilligen Reserven". Das erstere Konto ist strenger gebunden; um die hierin festgehaltenen Werte einer freieren Verfügung zugänglich zu machen, wird diese Umwandlung gewählt; wegen der für die Gläubiger damit verbundenen Gefahren aber nur unter den erschwerten Modalitäten des Herabsetzungsverfahrens. Hiebei kann es vorkommen, daß nicht der ganze Betrag des herabgesetzten Grundkapitals in das freiwillige Reserve-Konto fließt, sondern zum Teil in den gesetzlichen Reservefonds übergehen muß. Wenn nämlich in Ausführung der Herabsetzung Aktien unter pari angekauft werden, so darf der hiebei erzielte Disagio-Gewinn, soweit nicht eine Verwendung zu außerordentlichen Abschreibungen oder zur Deckung außerordentlicher Verluste beschlossen wird, in entsprechender Anwendnug des § 262 Ziff. 3 weder verteilt noch dem freiwilligen Reservefonds zugeführt werden, ist vielmehr in den gesetzlichen Reservefonds einzustellen.

Letzten Endes ist der Zweck all dieser Maßregeln, den Kurs der Aktien zu verbessern. Der Kurs ist der zahlenmäßige Ausdruck der Bewertung des Unternehmens in der Öffentlichkeit. Solche Kursverbesserungen sind aber, abgesehen von der finanziellen Seite, nicht bloß eine Sache des Ehrgeizes, sondern unter Umständen eine Lebensfrage bei einer Gesellschaft, die nur deswegen mit Unterbilanz arbeitet, weil es ihr chronisch an Betriebsmitteln fehlt oder weil sie zu klein ist, um rentabel zu sein, während sie bei vergrößertem Umfang gute Resultate erzielen könnte. Hier muß die Gesellschaft neue Mittel zu bekommen suchen. Mit Zuzahlungen allein wird meist nicht zu helfen sein; sie bedarf einer Erhöhung ihres Grundkapitals; neue Aktien aber dürfen nicht unter dem Nennwert ausgegeben werden. Sie könnte zu dem Aushilfsmittel greifen, den neuen Aktien Vorzugsrechte auf Kosten der alten zu geben, aber derartige Opfer finden bei den Aktionären wenig Gegenliebe, außerdem bergen solche Halbheiten bei Sanierungen vielfach den Keim zu neuen Unzuträglichkeiten. Hier ist es oft besser, das Übel an der Wurzel zu fassen; erst durch Herabsetzung zu sanieren, und wenn sich infolge davon der Kurs gehoben hat, eine Erhöhung durch Neuausgabe folgen zu lassen. Nehmen wir den Fall, die Aktiva seien zu 10 000 000 eingesetzt, ihr wirklicher Wert betrage aber nur 8 000 000, das Grundkapital sei ebenfalls 10 000 000. Es ist an der Börse bekannt, daß die Aktivenziffer zu optimistisch berechnet ist, die Aktien stehen auf ca. 80 %. Die Gesellschaft will ihr Kapital durch Ausgabe neuer Aktien erhöhen, sie darf dieselben aber nicht unter pari emittieren, wird also zu diesem Kurs schwerlich Abnehmer finden. Sie korrigiert die Summe der Aktiven auf ihren richtigen Wert und setzt dementsprechend das Grundkapital auf der Passivseite herab; so kann der pari-Kurs erreicht und neue Aktien leichter auf den Markt gebracht werden, ohne daß es notwendig geworden wäre, die alten Aktien zugunsten der neuen zurückzusetzen.

Allerdings muß zugegeben werden, daß diese letztere Wirkung auf einem Umweg wieder eintreten kann. Jede Kapitalsherabsetzung kann durch eine ihr folgende Neu-Emission in ihren Wirkungen wesentlich beeinflußt werden. Während die Kapitalsherabsetzung, wenn man dabei das Verhältnis der derzeitigen Aktionäre zueinander ins Auge faßt, gewissermaßen nur eine Rechnungs- und Buchungs-Prozedur ist, um zu einer Bilanz zu gelangen, welche statt eines zum Ersatz des verlorenen Kapitals zu verwendenden Gewinnes verteilungsfähigen Gewinn ergibt, und während nachträgliche Wertsteigerungen der abgeschätzten Aktiva bezw. Realisierungen derselben zu höheren als den in der Bilanz angesetzten Werten doch wieder den Aktionären entsprechend ihren unveränderten Beteiligungsquoten zugute kommen, gewinnt die Herabsetzung bei hinzutretender neuer Kapitalsemission die Bedeutung einer wenigstens jenem neuen Kapital gegenüber eintretenden wirklichen Anteilsveränderung. Erhöhen sich später die Werte, auf deren niedrigerem Ansatz der Kapitalsverlust und demnach die Herabsetzung beruhte oder ergibt sich nachträglich bei ihrer Realisierung, daß sie zu niedrig geschätzt waren, so nehmen an diesen Vorteilen die alten Aktien im Verhältnis zu den neuen nicht nach Maßgabe ihres ursprünglichen, sondern ihres infolge der zu geringen Schätzung reduzierten Betrages teil. Die zu niedrige Schätzung wird daher in diesem Falle für die alten Aktionäre nicht völlig ausgeglichen. Aber hier ist es nicht die Kapitalsherabsetzung, sondern die Kapitalserhöhung, welche diese Anteilsveränderung bewirkt (ROHG. XXV 260 ff.).

III.

Arten der Herabsetzung.

I. Die einfachste Art ist die Verminderung des Nennbetrags jeder einzelnen Aktie bei gleichbleibender Aktienzahl: 1000 Aktien à 2000 Mk. werden umgewandelt in 1000 à 1000 Mk. Hierbei ist gebräuchlich, daß die Aktionäre zur Einreichung der Aktien aufgefordert und diese sodann auf den geringeren Betrag abgestempelt oder umgetauscht werden. Diese Art der Herabsetzung kann aber nur stattfinden, wenn der Nennbetrag der Aktien höher als 1000 Mk. ist; sonst stehen die Beschränkungen des § 180 HGB. entgegen, sofern nicht die dort angeführten Ausnahmen vorliegen oder die Voraussetzungen hierfür neu geschaffen werden.

Eine andere Art der Herabsetzung ist die durch Verminderung der Aktienzahl bei gleichbleibendem Nennbetrag. Hier kommen insbesondere die Zusammenlegung und die Einziehung in Betracht, die eine trifft jede Aktie nur verhältnismäßig, die andere erfaßt einzelne Aktien vollständig und läßt die übrigen unberührt.

Endlich ist möglich eine Kombination dieser beiden Arten, nämlich Verminderung sowohl der Aktienzahl wie auch des Nennbetrags. Auch hier liefert die Zusammenlegung die häufigsten Beispiele; je 2 Aktien à 2000 werden zusammengelegt in eine Aktie à 1000 Mk.

Diese Art der Unterscheidung läßt den Fall der Liberierung von noch ausstehenden Einzahlungen auf das Grundkapital nicht unterbringen. Eine Verminderung des Nennbetrags ist hiebei nicht notwendig, in dem Regelfall, daß die Aktien auf 1000 Mk. lauten, sogar unmöglich.

II. Wichtiger ist die Unterscheidung in eine effektive Herabsetzung, bei welcher eine Minderung des Gesellschaftsvermögens stattfindet und eine rein ziffernmäßige oder buchmäßige, welche das Gesellschaftsvermögen unberührt läßt. Die effektive Herabsetzung wird auch Rückzahlung genannt. Während bei der Erhöhung des Grundkapitals nur eine solche durch wirkliche Einzahlung, durch wirkliche Mehrung des Gesellschaftsvermögens möglich ist, gibt es Herabsetzungen, bei denen keine Rückzahlungen stattfinden, die lediglich Buchungsvorgänge sind. Bei der effektiven Herabsetzung handelt es sich um Rückzahlung eines Teiles des Grundkapitals an die Aktionäre, bei der buchmäßigen lediglich um eine Korrektur der Ziffer des Grundkapitals.

III. Eine weitere Unterscheidung ist die in eine einheitliche Herabsetzung, d. h. die Verminderung des Grundkapitals wird durch einen einheitlichen Hergang bewirkt und in eine stufenweise, d. h. die Verminderung wird durch allmähliche Zurückziehung von Aktien aus dem Verkehr (Ankauf, Auslosung usw.) herbeigeführt.

IV. Rein tatsächlich lassen sich die verschiedensten Arten der Herabsetzung denken. Es seien hier nur die häufigsten genannt. Schon erwähnt wurde die Liberierung, d. h. die Befreiung der Aktionäre von noch ausstehenden Einzahlungen auf das Grundkapital, ein Fall, der sehr oft praktisch geworden ist. Eine Gesellschaft, die nicht ihr ganzes Aktienkapital einverlangt hat, verzichtet auf die volle Einzahlung, sei es weil sie infolge guten Geschäftsganges die noch einzufordernden Beträge selbst schon zurückgelegt hat, oder daß sie ohne weiteren Kapitalsbedarf die Herabsetzung zu Sanierungszwecken vornehmen muß.

Die Herabsetzung kann weiter erfolgen durch bare Rückzahlung, ein sehr einfacher Fall; es werden die Nennbeträge, sei es teilweise auf alle Aktien, sei es auf einzelne Aktien ganz, zurückerstattet. Diese Art wird selten gewählt, weil sie bei den Aktionären wenig Freunde hat, da bei schlechtem Kursstande nicht zurückbezahlt wird und bei gutem die Maßregel unbeliebt ist.

Eine für die Gesellschaft manchmal, nicht immer begrüßenswerte Art der Herabsetzung ist die, bei welcher die Gründer oder Aktionäre der Gesellschaft Aktien schenken, oder sonst unentgeltlich z. B. durch Erbschaft, Vermächtnis usw. zuwenden. So schön das klingt, geschieht das bisweilen nur, wenn die Aktien schon so weit entwertet sind, daß mit diesem Geschenk nicht mehr viel zu retten ist oder gar um die Gesellschaft für den Verzicht auf etwaige Haftungsansprüche abzufinden. Die Aktien werden dann eingezogen.

Häufiger kommt vor, daß eine Aktiengesellschaft bei Verkäufen ihre eigenen Aktien an Zahlungsstatt annimmt und sie dann der Einziehung zuführt.

Weniger unangenehm für die Aktionäre als die Rückzahlung zum Nennwert ist der Rückkauf von Aktien, welcher freihändig oder an der Börse erfolgt: der Hauptfall der Einziehung. Diese Form der Herabsetzung kann ohne jedes Aufsehen durchgeführt werden, ein Vorzug, der in Anbetracht ihres häufigsten Nebenzweckes, den Kurs der übrigen Aktien zu bessern, sehr schätzbar ist. Sie wird deshalb nach der Zusammenlegung am häufigsten gewählt.

Selten dagegen ist der Fall der Herabsetzung durch Kaduzierung nicht voll eingezahlter Interimsscheine. Die praktisch bedeutsamste Art ist die Zusammenlegung, neben welcher die Herabsetzung des Nominalbetrags keine Rolle spielt.

In welchem ziffernmäßigen Verhältnis diese verschiedenen tatsächlichen Arten der Herabsetzung des Grundkapitals zueinander stehen, sowohl was die Häufigkeit ihres Vorkommens als auch die

Höhe der Kapitalsverminderungen betrifft, sei kurz mit einigen Angaben illustriert, welche einer Stastitik über 176 Aktiengesellschaften, welche eine Herabsetzung beschlossen haben, entnommen sind. Es sollten Reduktionen erfolgen:

1. durch Liberierung in 22 Fällen	um	insgesamt	86 750 900	Mk.
2. durch bare Rückzahlung in 5 Fällen	„	„	6 600 000	„
3. durch Schenkung von Aktien seitens der Gründer in 8 Fällen	„	„	2 744 000	„
4. durch Inzahlungnahme von Aktien bei Verkäufen in 14 Fällen . .	„	„	23 032 500	„
5. durch Rückkauf von Aktien in 62 Fällen	„	„	89 265 454	„
6. durch Kaduzierung nicht voll eingezahlter Interimsscheine in 9 Fällen	„	„	8 811 900	„
7. durch Zusammenlegung von Aktien oder Herabsetzung des Nominalbetrages in 83 Fällen	„	„	198 315 660	„

Daneben können noch versteckte Herabsetzungen vorkommen, das sind solche, die äußerlich nicht als Herabsetzungen erkennbar, vielleicht auch nicht einmal als solche beabsichtigt sind, die gelegentlich anderer Transaktionen nebenher laufen, bei welchen auch die Vorschriften über die Herabsetzung nicht immer Anwendung finden; hier seien beispielsweise genannt:

1. die Abstoßung von Tochterunternehmungen oder überflüssigen Immobilien unter Annahme von Aktien an Zahlungsstatt (Bekanntmachung der Kölner Maschinenbau-Aktien-Gesellschaft unter Nr. 14 679 im Reichsanzeiger vom 17. V. 04).
2. Verschmelzung einer sanierungsbedürftigen Aktiengesellschaft mit einer anderen, wenn der Kauf auf Grundlage des Unterpari-Kurses vorgenommen wird.

Wenn Leist S. 9 annimmt, daß hier die Vorschriften über die Herabsetzung nicht anzuwenden seien, ist diesbezüglich des Falles unter 1 irrig, sofern nicht etwa die Aktien mit der Absicht der Wiederveräußerung an Zahlungsstatt angenommen werden, was durch § 226 nicht absolut ausgeschlossen ist, da dieser Erwerb eigener Aktien nicht im regelmäßigen Geschäftsbetrieb erfolgt. Bezüglich des Falles unter 2 ist es selbstverständlich, da es sich hiebei nicht nur um eine Herabsetzung des Grundkapitals, sondern um eine vollständige Auflösung der Gesellschaft handelt und die auf letztere bezüglichen Bestimmungen des HGB., insbesonders aber die §§ 305 ff. über die Fusion zur Anwendung gelangen, welche ihrerseits zum Teil auf die Bestimmungen über die Herabsetzung verweisen, zum Teil ähnliches odes gleiches vorschreiben.

IV.

Verlauf der Herabsetzung.

Die Kapitalsherabsetzung ist kein direkter Gegensatz zur Erhöhung. Bei der Erhöhung hat man es immer mit einer effektiven Veränderung des Kapitalbestandes zu tun, bei der Herabsetzung entweder mit einer solchen oder einer bloßen Anerkennung des schon erfolgten Eintritts einer Verminderung des Kapitalbestandes. Es ist also zu unterscheiden eine Herabsetzung mit effektiver Vermögensminderung und eine Herabsetzung ohne Kapitalsauskehrung; demgemäß wird auch der Verlauf ein verschiedener sein, je nachdem es sich um eine Herabsetzung der einen oder anderen Art handelt. In jedem Falle der Herabsetzung erfolgt eine Reduzierung der Grundkapitalsziffer, somit eine Verschiebung des Verhältnisses der Aktiva und Passiva.

Die Voraussetzungen der Herabsetzung sind im HGB. eingehend geregelt. Eine Herabsetzung des Grundkapitals kann nur von der Generalversammlung beschlossen werden, da sie eine Abänderung des Gesellschaftsvertrages darstellt (§ 274). Für die Berufung der Generalversammlung gelten die allgemeinen Vorschriften der §§ 253 ff. Es muß also insbesondere gemäß § 256 Abs. 2 die Ankündigung der Tagesordnung mindestens 2 Wochen vor dem Tage der Generalversammlung erfolgen, bezw. vor dem für die Hinterlegung der Aktien bestimmten Endtermin, falls die Ausübung des Stimmrechtes von einer solchen abhängig ist. Zu diesen allgemeinen Bestimmungen kommen noch die Vorschriften, welche bei Abänderungen des Gesellschaftsvertrags gelten. Es ist also nach § 274 Abs. 2 nicht eine einfache Ankündigung der Tagesordnung genügend, sondern es soll in derselben die beabsichtigte Änderung des Gesellschaftsvertrages nach ihrem wesentlichen Inhalt erkennbar gemacht werden.

Wesentlich ist jedenfalls die Angabe der Art und des Zweckes der Herabsetzung. Die Ankündigung soll dem Aktionär die Möglichkeit geben, sich auf die Beschlußfassung vorzubereiten und dies kann er nur dann, wenn er über beide orientiert ist. Es ist für ihn von der einschneidendsten Bedeutung, ob als Art der Herabsetzung eine Einziehung oder Zusammenlegung gewählt wird; während diese seinen Aktienbesitz schmälert, kann jene, sofern er von der Einziehung nicht betroffen wird, von Vorteil für ihn sein; nicht minder spürt er es je nachdem Einziehung durch freihändigen Ankauf oder Einziehung zum Nennwert gewählt wird.

Ebenso wichtig ist schon bei der Ankündigung der Tagesordnung die Angabe des Zweckes der Herabsetzung, insbesonders ob sie zur teilweisen Rückzahlung des Grundkapitals oder zur Beseitigung einer Unterbilanz erfolgen soll. Nur die Kenntnis des Zweckes ermöglicht dem einzelnen Aktionär die Beurteilung der Notwendigkeit oder Zweckmäßigkeit der geplanten Herabsetzung. Unter Umständen kann sich schon aus der Mitteilung der Art der Herabsetzung deren Zweck ergeben.

Auch die Angabe des beabsichtigten Umfanges oder der Grenze der Herabsetzung dürfte unentbehrlich sein. Handelt es sich um eine unbedeutende, aber doch nicht zu vermeidende Herabsetzung, so wird sich ein Aktionär zum Zwecke einer diesbezüglichen Beschlußfassung vielleicht gar nicht den Mühen und Kosten aussetzen, mit denen für ihn eine Teilnahme an der Generalversammlung verbunden ist, während die Mitteilung einer umfangreicheren Herabsetzung ein Appell an alle Aktionäre ist, die Frage eingehend zu prüfen, und vielleicht geeignet ist, auch die Beteiligung einer sonst gleichgültigen Aktionärgruppe herbeizuführen.

Für die Beschlußfassung selbst schreibt § 288 vor, daß sie nur mit einer Mehrheit erfolgen kann, die mindestens drei Vierteile des bei der Beschlußfassung vertretenen Grundkapitals umfaßt. Der Gesellschaftsvertrag kann noch andere Erfordernisse aufstellen, natürlich nur schwerere. Dabei kann es vorkommen, daß entweder speziell für den Fall eines Beschlusses der Herabsetzung oder aber für den allgemeineren diesen mit umfassenden Fall der Abänderung des Gesellschaftsvertrages mehr als Dreiviertel-Majorität vorgeschrieben ist. Die allgemeine Erschwerung für Satzungsänderungen würde dann auch an Stelle der Vorschrift des § 288[1] treten, da die Herabsetzung rechtlich eine Statutenänderung ist. Es ist also gleichgültig, ob die Gesellschaft für Änderungen des Gesellschaftsvertrags besondere Erfordernisse vorgesehen hat oder aber zwar für die Statutenänderungen im allgemeinen keine erschwerenden Voraussetzungen vorschreibt, dagegen nur für den besonderen Fall der Herabsetzung. Ist die Herabsetzung von der Generalversammlung beschlossen, so kann die hiedurch notwendig werdende Neuredigierung des Gesellschaftsstatuts durch den Beschluß dem Aufsichtsrat übertragen werden, da es sich nur um eine Änderung der Fassung handelt (§ 274 Abs. 1 Satz 2).

Sind mehrere Gattungen von Aktien mit verschiedener Berechtigung vorhanden, so bedarf es nach § 288[3] neben dem Beschluß der Generalversammlung eines in gesonderter Abstimmung gefaßten Beschlusses der Aktionäre jeder Gattung, und auch zu diesem ist je Dreiviertel-Mehrheit erforderlich. Es ist ein allzu engherziges Festhalten am Buchstaben des Gesetzes, diese gesonderte Abstimmung und Beschlußfassung der Aktionäre jeder Gattung auch dann noch für unentbehrlich zu halten, wenn der Beschluß der Generalversammlung entweder einstimmig gefaßt wurde oder so wenig Stimmen gegen die Herabsetzung unter Hinzuzählung der Stimmenthaltungen abgegeben wurden, daß diese, auch wenn sie nur von den Angehörigen der kleinsten Aktionärgattung abgegeben worden wären, nicht zu einem Viertel derselben hinreichen. Vergl. Staub, 6./7. Auflage, dagegen Staub, 8. Auflage. Die Beschlußfassung der Aktionäre jeder Gattung kann übrigens, wie sich aus dem Hinweis auf § 275 Abs. 3 Satz 2 ergibt, nur stattfinden, wenn sie gemäß § 256 Abs. 2 ausdrücklich unter den Zwecken der Generalversammlung angekündigt worden ist.

Wenn sich eine Aktionärgattung weigert, ihrerseits Beschluß zu fassen, so scheint uns (im Gegensatz zu Staub, 6./7. Auflage und Leist, S. 31, 32, Staub, 8. Auflage teilt die Ansicht des Textes) zweifellos zu sein, daß eine solche passive Ressistenz gleichbedeutend ist mit einer Ablehnung der Tagesordnung. Man erklärt damit die Beschlußfassung für eine überflüssige Formalität, mit der man sich nicht belästigen lassen will. Es ist nicht einzusehen, warum Staub in seiner 8. Auflage, nachdem er sich hier von dem strengen Wortlaut des Gesetzes loszureißen wagt, nicht die gleiche Konsequenz auch im obigen Fall gezogen hat.

Zum wesentlichen Inhalt des Herabsetzungsbeschlusses gehört nach § 288² die Angabe des Zweckes, zu welchem die Herabsetzung stattfindet; insbesondere ist anzugeben, ob sie zur teilweisen Rückzahlung des Grundkapitals an die Aktionäre erfolgt und in welcher Weise die Maßregel auszuführen ist. Nicht erforderlich ist, wie das Bayerische Oberste Landesgericht in seinem Beschluß vom 7. Dezember 1891 (Entsch. des Obersten Landesgerichts für Bayern Bd. 13 S. 616) annimmt, eine „detaillierte" Angabe jener Maßnahmen, welche zur Durchführung der Herabsetzung erforderlich sind. Damit tut man dem Wortlaut des Gesetzes Gewalt an, das nicht mehr besagt, als: „Durch den Beschluß muß festgesetzt werden, in welcher Weise die Maßregel auszuführen ist." Die Details anzugeben, ist in manchen Fällen sogar unmöglich. Es kann z. B. Herabsetzung durch Einziehung beschlossen werden, für den Fall aber, daß zu dem im Beschluß festgesetzten Kurs nicht die zur Herabsetzung erforderliche Anzahl von Aktien angeboten wird, kann sekundär Zusammenlegung beliebt werden. Hier können nicht alle Einzelheiten angegeben werden, wenn noch nicht einmal feststeht, in welcher Art die Herabsetzung endgültig durchgeführt wird. Man kann also nicht aus der einfachen Bestimmung des Gesetzes die Vorschrift herauslesen, wie das Bayerische Oberste Landesgericht in der angeführten Entscheidung getan hat, daß der Beschluß auch die Frist bestimmen muß, innerhalb welcher die Zusammenlegung zu geschehen hat. Es kann sehr wohl dem Aufsichtsrat die Befugnis eingeräumt werden, diese Frist zu bestimmen, da die Generalversammlung hiezu bei ihrem Beschluß meist noch gar nicht in der Lage ist, in der Praxis ist es auch üblich, die Regelung der rein technischen Einzelheiten, insbesonders die genannte Fristsetzung, dem Aufsichtsrat zu überlassen.

Leist (Sanierung S. 75) geht nicht so weit wie das Bayer. Oberste Landesgericht. Er verlangt als notwendigen Bestandteil schon des Beschlusses die Bestimmung einer Zeitgrenze für die Durchführung nur solcher Herabsetzungsmaßnahmen, auf deren

Verlauf die Aktionäre Einfluß haben. Er verweist auf die kombinierten Sanierungsbeschlüsse. Bei diesen kann wohl eine Frist für die Ausübung des Bezugsrechtes statuiert werden (§ 282[2]), oder muß der Zeitpunkt, in welchem die Zeichnung unverbindlich wird, soferne nicht bis dahin die erfolgte Erhöhung des Grundkapitals in das Handelsregister eingetragen ist (§ 281 Ziff. 4) in den Zeichnungsscheinen enthalten sein; das sind aber Maßnahmen, die bei einem kombinierten Sanierungsbeschluß um deswillen zu beachten sind, weil in dem Beschluß eine Erhöhung enthalten ist; soweit aber die in der Kombination mitenthaltene Herabsetzung in Betracht kommt, ist im Gesetz nirgends vorgeschrieben, daß hiebei zu beachtende Fristen schon im Generalversammlungsbeschluß festzulegen seien. Leist führt übrigens selbst unter Nr. 28 S. 171, III 2. Abs. ein Beispiel eines solchen Beschlusses an, wo die Frist nicht von der Generalversammlung, sondern vom Aufsichtsrat festgesetzt wird. Sein Hauptargument aus § 291 spricht vollends gegen ihn; würde schon von vornherein aus dem Generalversammlungsbeschluß zu entnehmen sein, wann die Herabsetzung durchgeführt sein muß, so wäre die Vorschrift der Eintragung der erfolgten Herabsetzung, welche bei den Beratungen eigens noch im Entwurf eingefügt wurde, überflüssig.

Daß solche Fristen, wenn auch nicht durch § 288[2] angeordnet, notwendig sind, daß sie aber, nicht wie sich aus der angeführten Bestimmung ergeben würde, von der Generalversammlung, sondern von den regelmäßig zur Vertretung der Gesellschaft berufenen Organen gesetzt werden können, ergibt sich aus anderen gesetzlichen Bestimmungen. § 290 Abs. 1 sagt: die Gesellschaft kann die Aktien, welche trotz erfolgter Aufforderung nicht bei ihr eingereicht sind, für kraftlos erklären. Die Kraftloserklärung braucht übrigens, wie Leist S. 74 selbst anerkennt, nicht in dem Herabsetzungsbeschlusse vorgesehen zu sein, sie ist vielmehr eine kraft Gesetzes eintretende und gesetzlich geregelte Folge der beschlossenen Maßregel. Aus obiger Bestimmung ist zu entnehmen, daß die Aufforderung von der Gesellschaft ausgeht, d. i. von den regelmäßig zu ihrer Vertretung berufenen Organen, nicht etwa von der Generalversammlung. In der Natur der erwähnten Aufforderung liegt es, daß eine Frist zur Einreichung bestimmt wird, von einer solchen ist in § 219 Abs. 2, auf den § 290 Abs. 2 verweist, auch ausdrücklich die Rede. Diese

Frist wird natürlich von den Organen, welche die Aufforderung erlassen, bestimmt, deren willkürliches Ermessen durch die positive gesetzliche Bestimmung des § 219 Abs. 2 ausgeschlossen ist, wonach die erste Bekanntmachung der Aufforderung mindestens 3 Monate, die letzte mindestens 1 Monat vor dem Ablauf der für die Einreichung gesetzten Frist erfolgen muß.

Der Beschluß über die Herabsetzung des Grundkapitals ist nach § 289 von sämtlichen Mitgliedern des Vorstandes zur Eintragung in das Handelsregister anzumelden. Es genügt also nicht Anmeldung durch den Vorstand, wie sie sonst für Abänderungen des Gesellschaftsvertrags vorgeschrieben ist. Die allgemeine Regel des § 277 Abs. 3, wonach eine Abänderung des Gesellschaftsvertrags keine Wirkung hat, bevor sie bei dem Gericht, in dessen Bezirk die Gesellschaft ihren Sitz hat, in das Handelsregister eingetragen worden ist, gilt auch für die Herabsetzung. Es ist also die Frage müßig, ob die Eintragung des Herabsetzungsbeschlusses durch Ordnungsstrafen gemäß § 14 erzwungen werden kann. Die Eintragung in das Handelsregister des Gerichts der Zweigniederlassung kann nach den allgemeinen Grundsätzen des § 14, wenn sie im Register des Gerichts des Sitzes der Gesellschaft eingetragen ist, durch Ordnungsstrafen erzwungen werden (§ 13 Abs. 1).

Die Eintragung ist öffentlich bekannt zu machen. Es ist diese Vorschrift zwar nicht speziell für den Herabsetzungsbeschluß gegeben, sondern allgemein für den Fall der Abänderung des Gesellschaftsvertrages nach § 277 Abs. 2 Satz 2 inbetreff aller Bestimmungen, auf welche sich die in den §§ 199, 201 vorgeschriebenen Veröffentlichungen beziehen. Diese Paragraphen aber schreiben in Abs. 1 bezw. 4 vor, daß in die Veröffentlichung der Eintragung die Bestimmungen über die Höhe des Grundkapitals (§§ 198¹ und 182 Abs. 2 Ziff. 3) aufzunehmen sind, und zwar findet diese Veröffentlichung statt im Register der Hauptniederlassung wie der Zweigniederlassung, da § 277 sowohl auf § 199 wie auch auf § 201 Bezug nimmt.

Ist infolge des Herabsetzungsbeschlusses auch eine dadurch bewirkte Änderung des Statuts beschlossen, so ist auch diese Statutenänderung im Handelsregister einzutragen (§ 277). Diese Eintragung kann alsbald, und nicht erst nach Ablauf des für die Durchführung der Herabsetzung vorgesehenen Sperrjahres erfolgen; denn diese Statutenänderung bildet keine Vollziehung des Herabsetzungsbeschlusses; die Änderung des Statuts, welche das letztere im einzelnen mit dem Herabsetzungsbeschluß in Übereinstimmung bringen soll, ist vielmehr lediglich eine Konsequenz dieses die Aktionäre mit der Eintragung in das Handelsregister bindenden Beschlusses (Beschluß des Kammergerichts vom 17. Juni 1889 in Johows Jahrbuch Bd. IX S. 20 ff.).

Da die Höhe des Grundkapitals für die Gläubiger die größte Bedeutung hat, indem sie das Maß der Haftung diesen gegenüber abgrenzt, sind vom Gesetz umfassende Vorschriften zu deren Sicherung gegeben. Nach § 289 Abs. 2 hat der Vorstand unter Hinweis auf die beschlossene Herabsetzung des Grundkapitals nach der Eintragung des Beschlusses die Gläubiger der Gesellschaft aufzufordern, ihre Ansprüche anzumelden. Die Aufforderung ist dreimal in den Gesellschaftsblättern zu veröffentlichen. Bekannte Gläubiger sind durch besondere Mitteilung zur Anmeldung aufzufordern.

Den Gläubigern, deren Forderungen vor der letzten öffentlichen Aufforderung begründet sind, ist Befriedigung zu gewähren oder Sicherheit zu leisten, soferne sie sich zu diesem Zwecke melden (Abs. 3).

Es soll dadurch vermieden werden, daß ein Gläubiger, der sich darauf verläßt, daß die im Handelsregister ursprünglich angegebene Höhe des Grundkapitals noch vorhanden sei, da ihm ja nicht zugemutet werden kann, daß er das Register immer wieder von neuem einsieht, sich plötzlich vor die unliebe Tatsache gestellt sieht, daß das Grundkapital herabgesetzt worden ist. Die Aufforderung hat die Bedeutung, daß jene Gläubiger, deren Forderungen vor der letzten öffentlichen Aufforderung begründet sind, ein gesetzlich gewährleistetes Recht auf Befriedigung, oder wenn ihre Forderungen noch nicht fällig sind, auf Sicherheitsleistung haben, sofern sie solche verlangen. Für die an die Gläubiger zu richtenden besonderen Mitteilungen hat sich die Praxis ausgebildet, daß die Gläubiger aufgefordert werden, sich zu melden, bezw. zu erklären, daß sie trotz der Herabsetzung des Grundkapitals ohne Berichtigung bezw. Sicherstellung ihrer Forderungen bereit sind, die Verbindung mit der Gesellschaft fortzusetzen.

Die Aufforderung an die Gläubiger, überhaupt die Herabsetzung des Grundkapitals, bewirkt nicht, daß nicht fällige Forderungen fällig werden (ROHG. XXIV, 247/48, RG. 9, 14; 5, 8); dagegen wird man, soweit es sich um gegenseitige Verträge handelt, annehmen müssen, daß, wenn die Kapitalsherabsetzung eine wesentliche Verschlechterung der Vermögensverhältnisse der Gesellschaft involviert, und diese erst nach dem Vertragsabschluß eingetreten ist, der Gläubiger berechtigt ist, die ihm obliegende Leistung bis zur Bewirkung der Gegenleistung oder Sicherheitsleistung zu verweigern (§ 321 BGB.; vgl. Pinner). Der Registerrichter ist nicht befugt, über die Innehaltung der zum Schutze der Gläubiger getroffenen Vorschriften zu wachen und wegen Nichtbeobachtung derselben die Eintragung abzulehnen (Johow Bd. 1 S. 14; 5, 26; 9, 20).

Zahlungen an die Aktionäre dürfen auf Grund der Herabsetzung des Grundkapitals erst erfolgen, nachdem seit dem Tage, an welchem die öffentliche Aufforderung zum drittenmal stattgefunden hat, ein Jahr verstrichen ist und nachdem die Gläubiger, die sich gemeldet haben, befriedigt oder sichergestellt worden sind. Eine durch die Herabsetzung bezweckte Befreiung der Aktionäre von der Verpflichtung zur Leistung von Einlagen auf die Aktien tritt nicht vor dem bezeichneten Zeitpunkt in Wirksamkeit (§ 289 Abs. 4).

Der Zweck dieser Bestimmung ist die Sicherung der Gläubiger gegen mit der Herabsetzung verbundene mögliche Gefahren oder Mißbräuche. Es soll verhindert werden, daß wirkliches Gesellschaftsvermögen an die Aktionäre verteilt und so dem Zugriff der Gläubiger entzogen wird, ehe nicht alle Garantien dafür gegeben sind, daß keine Benachteiligung der Gläubiger, denen das Grundkapital haftet, zu befürchten ist. Die Gläubiger, die mit der Gesellschaft nach Verminderung des Grundkapitals und dadurch bewirkter Veränderung der Kreditbasis nicht mehr in der gleichen Weise wie bisher in Verbindung bleiben wollen, bekommen einen Anspruch auf sofortige, jedenfalls vor Auskehrung von Gesellschaftsvermögen zu bewirkende Befriedigung, oder, wenn ihre Forderungen noch nicht fällig sind, auf Sicherstellung, soferne sie sich zu dem einen oder anderen Zwecke melden.

Aber auch wenn alles für die Gläubiger getan ist, genügt dies noch nicht, um Zahlungen auf Grund des Herabsetzungsbeschlusses vornehmen zu können. Es muß seit der dritten öffentlichen Aufforderung ein volles Jahr, das sogenannte Sperrjahr, abgewartet werden, dann erst darf nach Erfüllung der doppelten Voraussetzungen mit der Ausschüttung von Gesellschaftsaktiven auf Grund des Herabsetzungsbeschlusses begonnen werden. Erst dann dürfen Zahlungen an die Aktionäre erfolgen, werden Befreiungen der Aktionäre von der Verpflichtung zur Leistung von Einlagen auf die Aktien wirksam, erst dann darf für eingezogene Aktien Bezahlung gewährt, oder ein Gewinn ausgeschüttet werden, der erst infolge der Herabsetzung möglich geworden ist. Es ist nicht bestimmt, daß die Gläubiger sofort nach Meldung diese Ansprüche auf Befriedigung oder Sicherstellung erwerben, nicht einmal, daß die Befriedigung oder Sicherstellung innerhalb des Sperrjahres erfolgen muß; aber jedenfalls haben sie einen Anspruch darauf, daß sie vor Hinausgabe von irgend welchen Aktiven aus dem Gesellschaftsvermögen befriedigt oder sichergestellt werden. Andrerseits darf die Gesellschaft, auch wenn sie alle Gläubiger befriedigt bezw. sichergestellt hat, selbst wenn sie noch etwas in Reserve für unbekannte Gläubiger zurückbehalten hätte, mit Zahlungen usw. auf Grund des Herabsetzungsbeschlusses nicht beginnen, wenn nicht auch das Sperrjahr abgelaufen ist.

Meldet sich ein Gläubiger, dessen Forderung vor der letzten öffentlichen Aufforderung begründet ist, zu dem Zweck, Befriedigung oder Sicherheit zu erhalten, erst nach dem Ablauf des Sperrjahres, so ist ihm auch dann noch vor weiteren Zahlungen an die Aktionäre Befriedigung oder Sicherheit zu gewähren (vgl. S t a u b , dagegen G o l d m a n n S. 1176). Zahlungen an die Aktionäre oder Befreiungen derselben von der Verpflichtung zur Leistung von Einlagen, die vor seiner Anmeldung erfolgt sind, werden dadurch nicht mehr berührt; doch können sie nur fortgesetzt werden, nachdem er befriedigt oder sichergestellt ist; denn die Ansprüche der Aktionäre sind in doppelter Weise bedingt: es ist nicht allein Ablauf des Sperrjahres erfordert, sondern auch Befriedigung oder Sicherstellung der Gläubiger, die sich gemeldet haben, ohne daß diesen eine Frist gestellt oder die Frist des Sperrjahres hierauf zu beziehen wäre. G o l dmann meint, nach Ablauf des Sperrjahres dürfen die Ansprüche der Aktionäre auf Rückzahlung oder Befreiung durch Befriedigung oder Sicherung von Gläubigern nicht mehr verletzt werden, das Gesetz aber sagt umgekehrt: die Ansprüche der Gesellschaftsgläubiger gehen denen der Aktionäre vor, sie dürfen durch Zahlungen an die Aktionäre oder Befreiung derselben von der Verpflichtung zur Leistung von Einlagen nicht verletzt werden.

Wenn die in § 289 gegebenen Vorschriften außer acht gelassen werden, so ist die Folge zwar weder Nichtigkeit oder Anfechtbarkeit der erfolgten Kapitalsherabsetzung, die Beobachtung derselben kann auch vom Registerrichter nicht erzwungen werden, noch ist die Nichtbefolgung ausdrücklich unter Strafe gestellt, wenn nicht etwa eine Absicht, zum Nachteil der Gesellschaft zu handeln, vorliegt (§ 312), wohl aber sind:

1. die Mitglieder des Vorstandes und Aufsichtsrates gemäß § 241 Ziff. 5 und § 249 Abs. 3 der Gesellschaft und den Gläubigern im Falle des Abs. 4 des § 241 schadensersatzpflichtig;

2. die Aktionäre haben, was sie erhalten haben, zurückzugeben, soweit nicht Dividenden verteilt sind und die Aktionäre sie in gutem Glauben empfangen haben (§ 217; Behrend S. 594 Anmerkung 27; Hergenhahn S. 245 Anmerkung 2);

3. außerdem haben die Gläubiger gegen die Gesellschaft ein Klagerecht auf Erfüllung der in § 289 bestimmten Pflichten und können geeignetenfalls die Durchführung der Kapitalsherabsetzung durch einstweilige Verfügung hindern.

Im Falle der rein buchmäßigen Herabsetzung zur Beseitigung einer Unterbilanz kann die Haftung nur praktisch werden, wenn Dividenden ausgezahlt werden, deren Ausschüttung erst infolge der Herabsetzung möglich geworden ist. Hier gelten bezüglich der Haftung die gleichen Grundsätze, insbesondere aber auch, daß die Aktionäre subsidiär zum Ersatz nur verpflichtet sind, wenn sie bezüglich des Dividendenempfanges nicht in gutem Glauben waren.

Was die Frage anbelangt, welcher rechtlichen Beurteilung das durch den Reduktionsbeschluß zur Rückzahlung an die Aktionäre bestimmte Kapital unterliegt, so scheidet dieses Kapital nicht sofort aus dem Gesellschaftsvermögen aus, wie von einer Seite behauptet wird (Löwenfeld, Aktiengesellschaften S. 484), sondern dasselbe bleibt Gesellschaftsvermögen bis zur Ausantwortung an die Aktionäre, d. i. bis zur Erfüllung der in § 289 genannten doppelten Voraussetzungen: Ablauf des Sperrjahres und Befriedigung oder Sicherstellung der Gläubiger. Erst nach Erfüllung dieser zweifachen Bedingung erwerben die Aktionäre in Höhe des zurückzuzahlenden Kapitals, bezw. bei der Liberierung von der Zahlung von Einlagen in Höhe der von ihnen über die durch die Herabsetzung verminderte Verpflichtung hinaus gewährten Summe ein Forderungsrecht gegen die Gesellschaft.

Verfällt die Gesellschaft während des Sperrjahres in Konkurs, so können die Aktionäre nicht etwa ihre Rückzahlungsquote als Gläubiger geltend machen; denn Zahlungen dürfen ihnen erst nach Befriedigung der Gesellschaftsgläubiger, d. i. nach vollständiger, nicht etwa bloß teilweiser, gewährt werden (abweichend Hergenhahn). Es setzt nämlich die Durchführung der für die Herabsetzung beschlossenen Maßregeln den Fortbestand der Gesellschaft voraus. Sie ist nicht möglich, wenn während des Sperrjahres die Auflösung der Gesellschaft eintritt, von der die Konkurseröffnung nur ein spezieller Fall ist. Von hier aus beantwortet sich die Frage über das Verhältnis der vor dem Herabsetzungsbeschluß schon vorhandenen Gläubiger zu den später hinzutretenden: sie stehen sich im Falle der Auflösung gleich, während bei Weiterführung der Herabsetzung die älteren Gläubiger die im § 289 Abs. 4 zugesicherten Rechte genießen, welche den Gläubigern nicht zustehen, deren Forderungen erst nach der letzten öffentlichen Aufforderung im Sinne des § 289 Abs. 3 begründet sind. Vom gleichen Standpunkt erledigt sich auch die Frage über etwaige Ansprüche der Aktionäre auf den nach dem Beschluß der Generalversammlung zurückzuzahlenden Teil der Einlage. Die Eröffnung des Konkurses während des Sperrjahres bewirkt also, daß die beschlossene Maßregel nicht zur Ausführung gelangen kann. Der Konkurs ergreift das gesamte Gesellschaftsvermögen; es fällt sowohl der Unterschied zwischen alten und neuen Gläubigern, es können aber auch die Aktionäre den Anspruch auf Rückzahlung in diesem Konkurse nicht als Konkursgläubiger geltend machen, denn sie erlangen ein Forderungsrecht gegen die Gesellschaft auf den zurückzuzahlenden Betrag nicht schon durch den Generalversammlungsbeschluß, sondern erst dann, wenn das Sperrjahr abgelaufen und den alten Gläubigern in der gesetzlich vorgeschriebenen Weise Genüge geschehen ist. Dieselben Grundsätze finden Anwendung, wenn eine Herabsetzung des Grundkapitals durch Erlaß rückständiger Aktienbeträge beschlossen ist. Auch hier wird die Perfektion durch die Eröffnung des Konkurses vor Ablauf des Sperrjahres vereitelt. Die Forderung auf Einzahlung der rückständigen Beträge bleibt also trotz des Herabsetzungsbeschlusses ein Bestandteil des Aktivvermögens der Gesellschaft (vgl. Behrend).

Ist die Herabsetzung des Grundkapitals erfolgt, so ist sie, wie § 291 in lakonischer Kürze vorschreibt, von sämtlichen Mitgliedern des Vorstandes zur Eintragung in das Handelsregister anzumelden. Der Inhalt dieses Paragraphen ist so unvollständig, daß man zu der Annahme veranlaßt wird, die Bestimmung sei nichts weiter als eine Ordnungsvorschrift; denn während der § 284, bezüglich der Anmeldung der erfolgten Erhöhung des Grundkapitals anordnet, welche Belege behufs Aufbewahrung bei dem Gerichte der Anmeldung beizufügen sind, und der § 287 die Ausgabe der neuen Aktien oder Interimsscheine vor der Eintragung der erfolgten Erhöhung verbietet, fehlt es in dem § 291 an ähnlichen Bestimmungen gänzlich; auch ist darin, abweichend von der Vorschrift des § 284 die Mitwirkung der Mitglieder des Aufsichtsrats bei der Anmeldung nicht gefordert. Ebensowenig kann etwas Gegenteiliges aus § 277 Abs. 3 gefolgert werden, welcher bestimmt, daß eine Abänderung des Gesellschaftsvertrags keine Wirkung hat, bevor sie bei dem Gericht, in dessen Bezirk die Gesellschaft ihren Sitz hat, zur Eintragung in das Handelsregister gelangt ist. Die Herabsetzung des Grundkapitals stellt sich als eine Änderung des Gesellschaftsvertrages dar. Der § 277 Abs. 3 macht aber die Wirksamkeit der Änderung lediglich von der Eintragung des bezüglichen Generalversammlungsbeschlusses abhängig (vgl. R. und F. Esser zu 291).

Die Eintragung nach § 291 kann nicht die Bedeutung haben, die Herabsetzung zur Wirksamkeit zu bringen, da sie erst zu betätigen ist, wenn die Herabsetzung erfolgt ist, sie hat lediglich die Funktion, die bereits verwirklichte Herabsetzung zur öffentlichen Kenntnis zu bringen. Nach Leist S. 87 ff. hat sie nur deklarative Bedeutung. Der Registerrichter kann Unterlagen zum Nachweise der Richtigkeit der angemeldeten Tatsache nicht verlangen, er hat sich demzufolge mit der Anmeldung zu begnügen (vgl. Ring Nr. 7, Staub Anmerkung 4).

Wann ist die Herabsetzung erfolgt? Zurückzuweisen ist die Ansicht Staubs, daß die Herabsetzung als erfolgt gelten muß, sobald feststeht, um wieviel das Kapital herabgesetzt wird, das wäre der Regel nach, wie Staub selbst exemplifiziert, im Zeitpunkt des Herabsetzungsbeschlusses.

Hiegegen führt Goldmann mit Recht aus, daß dies schon aus dem Grunde nicht richtig sein kann, weil alsdann die Eintragung der Herabsetzung überhaupt keine Bedeutung mehr hätte, dies vielmehr, da ja schon die Eintragung des Herabsetzungsbeschlusses die erfolgte Herabsetzung kund tun würde, gänzlich überflüssig wäre (vgl. auch Ring Nr. 2).

Goldmann betrachtet die Herabsetzung als in dem Zeitpunkt erfolgt, in welchem die Maßregeln der beschlossenen Herabsetzung ausgeführt sind, in welchem der Betrag, um den nach dem Inhalte des Herabsetzungsbeschlusses das Grundkapital herabgesetzt werden soll, aus dem Grundkapital ausgeschieden ist.

Dieser Zeitpunkt kann nicht eintreten, solange nicht alle diejenigen Handlungen bewirkt sind, welche zur Ausführung der beschlossenen Herabsetzung vorgenommen werden müssen, solange also beispielsweise der Umtausch, die Abstempelung oder das sonstige zur Verminderung der Zahl der Aktien vorgesehene Verfahren nicht durchgeführt, im Falle der Zusammenlegung auch die etwa notwendige Kraftloserklärung gemäß § 290 nicht bewirkt ist. Daß aber auch das Sperrjahr abgelaufen sein müsse, bevor die Herabsetzung als erfolgt gelten kann, darf nur für diejenigen Fälle als Erfordernis aufgestellt werden, für welche das Sperrjahr überhaupt von Bedeutung ist, also nur für jene, in welchen Zahlungen an die Aktionäre auf Grund der Herabsetzung des Grundkapitals erfolgen, oder die Aktionäre durch die Herabsetzung von der Verpflichtung zur Leistung von Einlagen auf die Aktien befreit werden sollen. Es kommt also — außer dem soeben erwähnten Falle einer beabsichtigten Befreiung von Leistungen — insbesondere in denjenigen Fällen in Betracht, in welchen die Herabsetzung zur teilweisen Rückzahlung des Grundkapitals an die Aktionäre erfolgt, oder in welchen die Herabsetzung durch Ankauf von Aktien (vgl. ROHG. 18, 426) geschieht.

Dagegen ist das Sperrjahr für alle diejenigen Fälle ohne Belang, in welchen Zahlungen an die Aktionäre auf Grund der Herabsetzung des Grundkapitals nicht geleistet werden sollen, beispielsweise im Fall einer Zusammenlegung der Aktien oder Abstempelung derselben auf einen geringeren Betrag (vgl. Simon Bil. S. 211 ff., Pinner S. 274). Soweit Goldmann.

So scharf die Ausführungen Goldmanns in diesem Punkte sind, können wir sie doch nicht ohne eine kleine Modifikation annehmen. Der Ablauf des Sperrjahres kann dann nicht erfordert werden, um die Herabsetzung als erfolgt zu betrachten, wenn es sich um eine rein buchmäßige Herabsetzung handelt. Daß diese Voraussetzung mit den oben erwähnten nicht identisch ist, ergibt sich aus der Betrachtung des Falles einer solchen Herabsetzung zur Beseitigung einer Unterbilanz. Wenn es hier gelungen ist, die Unterbilanz zu beseitigen, und infolgedessen die Gesellschaft wieder Gewinn ausschütten kann, so verteilt sie damit Mittel, die ohne die Herabsetzung in der Gesellschaft, somit auch einem Zugriff der Gläubiger ausgesetzt, bleiben würden. Es sind das Zahlungen „auf Grund der Herabsetzung" im Sinne des § 289⁴, die nicht vor Ablauf des Sperrjahres erfolgen dürfen. Nach Goldmann hätte in diesem Fall die Herabsetzung vor Ablauf des Sperrjahres noch nicht als erfolgt zu gelten, da hier Zahlungen auf Grund der Herabsetzung in Frage stehen, die Eintragung gemäß § 291 wäre also noch nicht zulässig. Dies ist nicht richtig und deswegen unterscheiden wir für die obige Frage zwischen effektiver und buchmäßiger Herabsetzung, nicht wie Goldmann zwischen Herabsetzungen, für welche das Sperrjahr von Bedeutung ist oder nicht. In dem erwähnten Beispiel ist zwar das Sperrjahr von Bedeutung, dennoch kann die Eintragung der erfolgten Herabsetzung schon eher erfolgen. Die Auszahlung von Dividenden, wie sie hier in Frage stehen, geschieht zwar „auf Grund der Herabsetzung", aber nicht mehr in Ausführung der Herabsetzung, und das ist der springende Punkt. Während in den anderen Fällen die Einhaltung der Sperrjahres noch Ausführungsmaßregel ist, sogar der Schwerpunkt der Ausführung nach dem Sperrjahr liegt, ist hier bei der rein buchmäßigen Herabsetzung schon alles ausgeführt, was diese erfordert; nur eine angestrebte Folge der im übrigen vollendeten Herabsetzung, nämlich Auszahlung von

Dividenden, ist im Interesse der Gläubiger bis nach Ablauf des Sperrjahres hinausgeschoben.

Die Zulässigkeit einer Verbindung der Anmeldung des Herabsetzungsbeschlusses und der erfolgten Herabsetzung wird von den meisten Schriftstellern bestritten (so auch Goldmann). Eine Entscheidung des Landgerichts Hamburg (Holdheim 1903 S. 230, 231) läßt eine solche Verbindung zu. Im Anschluß an die obigen Ausführungen halten wir sie nur für zulässig in den Fällen der rein buchmäßigen Herabsetzung, in allen anderen, d. i. bei der effektiven Herabsetzung, ist sie unzulässig.

Was die Frage der Zulässigkeit einer Verbindung der Herabsetzung mit einer gleichzeitigen Erhöhung anlangt, so ist diese zu bejahen. Eine solche Verbindung wird auch in der Praxis oft gewählt. Hier begegnen wir aber wieder dem fundamentalen Unterschied zwischen effektiver und buchmäßiger Herabsetzung. Wenn nämlich die Kapitalsherabsetzung durch effektive Zurückzahlung erfolgen soll, ist für eine gleichzeitige Erhöhung kein Grund vorhanden; geschieht sie dagegen, um das durch Verluste verminderte Grundkapital ziffernmäßig auf den wirklichen Betrag herabzusetzen, braucht aber außerdem die Gesellschaft neue Mittel, so wird der Weg der Kombinierung von Herabsetzung und Erhöhung gewählt. Wenn z. B. eine Gesellschaft ein Grundkapital von 500 000 Mk. hat, das durch Verluste um 200 000 Mk. vermindert ist, und braucht sie ferner 200 000 Mk. neue Mittel, so wird sie ihr Kapital um 200 000 Mk. herabsetzen und zugleich um 200 000 Mk erhöhen. Wenn sie nun auch bilanzmäßig das gleiche Kapital von 500 000 Mk. wie früher hat, so ist dieses jetzt effektiv vorhanden, während das frühere der Wirklichkeit nicht entsprach. (So auch Staub, der verschiedene Kombinationen beschreibt, Pinner, Cosack S. 670, Liebmann in Holdheim 1898 S. 183 für Gesellschaften m. b. H. ROHG. Bd. 25 S. 266 ff., Holdheim 1894 S. 80, Hergenhahn in Busch Bd. 48 S. 206, RG. 38, 95, Ring Nr. 10).

V.

Zusammenlegung.

Zusammenlegung ist die Herabsetzung des Grundkapitals durch Vereinigung mehrerer Anteilsrechte. Sie ist die häufigste und wichtigste Art der Herabsetzung, denn in den meisten Fällen des Bedürfnisses einer Herabsetzung ist eine solche mittelst Verminderung des Nennbetrages ausgeschlossen, da dieser nicht unter 1000 Mk. sinken darf, die Aktien in Deutschland aber regelmäßig auf diesen Betrag lauten.

Die Zusammenlegung besteht in einer Verminderung der Aktienzahl. Dieselbe wird technisch meist in der Weise ausgeführt, daß z. B. bei einer Zusammenlegung von 2 : 1 für je 2 eingelieferte Aktien eine neue ausgegeben wird, während die der Gesellschaft eingereichten vernichtet werden; oder es werden zwar keine neuen Aktien ausgegeben, aber eine der eingelieferten Aktien wird mit einem Stempelvermerk wie „gültig geblieben gemäß Zusammenlegungsbeschluß v . . . . . ." versehen und zurückgegeben, und nur die andere ungültig gewordene vernichtet. Gefährlich ist es bei dieser Ausführungsart, die gültig gebliebenen Aktien ohne Vermerk wieder hinauszugeben, da sich hier, wenn nicht alle Aktien eingeliefert worden sind, aus der Konkurrenz der noch nicht eingereichten Schwierigkeiten ergeben können. Ebenso sprechen Bedenken dagegen, die Einlieferung ganz zu erlassen, wie es bei der sogenannten Kassierung geschehen kann, bei welcher die Gesellschaft ausspricht, daß von einer bestimmten Anzahl von Aktien nur eine oder mehrere Geltung behalten sollen. Ungefährlich ist dies z. B. bei einer Aktiengesellschaft, deren sämtliche Aktien im ungeteilten Eigentum einer und derselben Familie stehen oder wenn alle Aktien nach Nummern geordnet sich in den Händen weniger Aktionäre befinden. Hier kann die Gesellschaft unbedenklich aussprechen, daß alle geraden oder alle ungeraden oder bei einer Zusammenlegung von 3 : 1 alle durch 3 teilbaren Nummern kassiert sein sollen. Eine seltenere Maßregel ist die Zusammenheftung der Aktien. Es werden z. B. je 2 Aktien zusammengeheftet, sodaß in Zukunft nur ein zusammengeheftetes Aktienpaar als Beurkundung des Anteilsrechtes dienen kann.

Eine früher viel bestrittene Frage bei der Ausführung der Zusammenlegung war die, wie es mit den Aktionären zu halten sei, die trotz erfolgter Aufforderung ihre Aktien nicht einreichen, oder sie zwar einliefern, aber nicht in der zum Ersatz durch neue Aktien erforderlichen Zahl. Fast bei jeder Zusammenlegung werden einige

Aktionäre übrig bleiben, die nicht gerade über eine zur restlosen Zusammenlegung erforderliche Zahl von Aktien verfügen. Man nennt die überschüssigen Aktien Spitzen. Es gibt auch Zusammenlegungen mit unvermeidlichen Spitzen, z. B. wenn bei einer Zahl von 1000 Aktien eine Zusammenlegung im Verhältnis von 3 : 1 beschlossen wird. In all diesen Fällen kann es die Gesellschaft ihren Aktionären überlassen, dafür zu sorgen, daß jeder seine Aktien zu der für eine restlose Zusammenlegung erforderlichen Zahl ergänze, oder wenn er das nicht will, die überschüssigen Aktien verkaufe, vgl. RG. bei Holdheim 13, 112. Meist aber wird der Zusammenlegungsbeschluß für diesen Fall Vorsorge treffen. Ein Zwang, dazu zu kaufen, darf nicht ausgeübt werden, wenn auch nicht geleugnet werden kann, daß der Aktionär, der keine Verluste haben will, unter Umständen indirekt dazu genötigt ist. Wohl aber ist nach der anderen Seite ein gewisser positiver Zwang nicht zu vermeiden, der aber in der Bestimmung des § 290 seine Rechtfertigung findet. In dieser ist der Gesellschaft eine zweckmäßige Handhabe zur Verfügung gestellt, um den etwaigen passiven Widerstand solcher Aktionäre zu brechen, welche durch Verweigerung der Einreichung die Zusammenlegung verhindern oder erschweren wollen. Eine Aktionärminderheit kann nicht etwa dadurch die Durchführung des Herabsetzungsbeschlusses vereiteln, daß sie ihre Aktien trotz erfolgter Aufforderung nicht einreicht oder dieselben zwar einliefert, sie aber, wenn sie die zum Ersatz durch neue Aktien erforderliche Zahl nicht erreichen, der Gesellschaft nicht zur Verwertung für ihre Rechnung zur Verfügung stellt. § 290 gestattet nämlich, in solchen Fällen die betreffenden Aktien in einem förmlich geordneten Verfahren für kraftlos zu erklären. Hierin liegt einerseits eine genügend starke Pression, alle Aktionäre zur Einreichung zu veranlassen, andrerseits eine zweckmäßige Beseitigung der Schwierigkeiten, die sich bei dem Vorhandensein von Spitzen ergeben. Die aus der Zusammenlegung derjenigen Aktien, welche in den Händen der einzelnen Aktionäre die zum Ersatz durch neue Aktien erforderliche Zahl nicht erreicht haben, hervorgehenden neuen Aktien verwertet die Gesellschaft für Rechnung der Beteiligten, wenn sie ihr zu diesem Zwecke zur Verfügung gestellt worden sind. In der Praxis geben sich die Gesellschaften meist nicht selbst damit ab, die Spitzen zu sammeln, sondern ein Bankhaus kauft die sämtlichen überschüssigen Aktien zusammen, vereinigt sie zu einem umtauschfähigen Betrag und verwertet die aus ihrer Zusammenlegung entstehenden neuen Aktien für Rechnung der Beteiligten, indem sie dieselben verkauft und den Erlös den betreffenden Aktionären nach Maßgabe ihrer Beteiligung gutbringt.

Diejenigen Aktien, welche trotz erfolgter Aufforderung nicht bei der Gesellschaft eingereicht sind, oder welche zwar eingeliefert sind, aber die zum Ersatz durch neue Aktien erforderliche Zahl nicht erreichen und der Gesellschaft nicht zur Verwertung für Rechnung der Beteiligten zur Verfügung gestellt sind, können für kraftlos erklärt werden, dies aber nur dann, wenn die Aufforderung zur Einreichung der Aktien die Androhung der Kraftloserklärung enthielt. Bezüglich der Bekanntmachung der Aufforderung gelten die Vorschriften des § 219 Abs. 2. Sie muß also dreimal in den Gesellschaftsblättern, immer auch gemäß § 182 Abs. 3 im Reichsanzeiger bekannt gemacht werden; die erste Bekanntmachung muß mindestens drei Monate, die letzte mindestens einen Monat vor dem Ablauf der für die Einreichung gesetzten Frist erfolgen.

Die Kraftloserklärung geschieht mittels Bekanntmachung in den Gesellschaftsblättern. Diese Bekanntmachung ist zu unterscheiden von der eben erwähnten Bekanntmachung der Aufforderung zur Einreichung und der Androhung der Kraftloserklärung. Sie ergeht in der Form, in welcher die von der Gesellschaft ausgehenden gewöhnlichen Bekanntmachungen erfolgen, die gemäß § 182 Abs. 2 Ziff. 6 im Gesellschaftsvertrag geregelt sein muß. Mit der ordentlichen Bekanntmachung der Kraftloserklärung in den Gesellschaftsblättern tritt deren Wirkung, d. i. die Nichtigkeit der betroffenen Aktien ein, welche aber das Anteilsrecht beim bisher Berechtigten in der durch die Zusammenlegung modifizierten Form bestehen läßt. Die Gesellschaft kann die für die Einreichung gesetzte Frist stillschweigend dadurch verlängern, daß sie die Kraftloserklärung nicht unmittelbar dem Ablauf der Frist folgen läßt und nach Ablauf der Frist eingereichte Aktien unbeanstandet annimmt; sie kann allerdings deren Annahme auch verweigern. Nach der Kraftloserklärung kann sie eine Einreichung nicht mehr annehmen (dagegen Leist S. 85), da die Urkunde wertlos geworden, nicht mehr Trägerin des vorher darin verbrieften Anteilsrechtes ist. Eine solche Einreichung ist überdies überflüssig, da ja das Recht dem bisherigen Berechtigten gewahrt bleibt und in einer neuen Urkunde verbrieft wird.

In beiden Fällen der Kraftloserklärung, sowohl wenn Aktien trotz erfolgter Aufforderung nicht bei der Gesellschaft eingereicht als auch, wenn sie zwar eingereicht sind, aber die zum Ersatz durch neue Aktien erforderliche Zahl nicht erreichen und der Gesellschaft nicht zur Verwertung für Rechnung der Beteiligten zur Verfügung gestellt sind, hat die Gesellschaft an Stelle der für kraftlos erklärten Aktien neue nach Maßgabe des Herabsetzungsbeschlusses auszugeben und diese für Rechnung der Beteiligten zum Börsenpreis und in Ermangelung eines solchen durch öffentliche Versteigerung zu verkaufen. Der Erlös ist den Beteiligten auszuzahlen, oder soferne die Berechtigung zur Hinterlegung vorhanden ist, die gegenwärtigen Aktieninhaber z. B. unbekannt sind, zu hinterlegen (§ 290 Abs. 3).

Fällt diese Auszahlung bezw. Hinterlegung unter die Beschränkung des § 289 Abs. 4, mit anderen Worten muß hierfür erst das Sperrjahr abgewartet werden und müssen vorher die sonstigen die Gläubiger sichernden Maßnahmen getroffen sein? Richtiger Ansicht nach wohl nicht; denn Zahlungen an die Aktionäre sind nach § 289 Abs. 4 nur insoweit gehemmt, als sie auf Grund der Herabsetzung des Grundkapitals erfolgen. Die hier in Frage stehenden Zahlungen sind zwar entfernt durch den Herabsetzungsbeschluß veranlaßt, haben aber ihren Grund in einem Rechtsverhältnis, das am meisten der Geschäftsführung ohne Auftrag ähnelt, aber keine solche ist, wie von Staub § 290 Anm. 7 und Leist S. 85 Anm. 22 irrig angenommen wird. Die Gesellschaft ist zwar von den betroffenen Aktionären nicht beauftragt (vgl. § 677 BGB.), sie ist aber ihnen gegenüber auf Grund der positiven Bestimmung des HGB. zu dem von ihr angewendeten Verfahren verpflichtet und berechtigt.

Das in § 290 geregelte Verfahren ist nur angängig, wenn es sich um eine Herabsetzung handelt, zu deren Ausführung eine Verminderung der Zahl der Aktien vorgesehen ist. Dagegen ist die Vorschrift nicht gegeben bei den anderen Arten der Kapitalsherabsetzung. Bei diesen sind derartige Maßnahmen (wohl mit Unrecht: Behrend S. 598) nicht für nötig erachtet. Wenn also der Nennwert der einzelnen Aktien ohne Verminderung der Zahl der Aktien herabgesetzt wird, oder wenn eine Kapitalsherabsetzung durch Einziehung erfolgt, ist die Gesellschaft regelmäßig darauf angewiesen, die Aktien durch Klage von dem Aktionär herauszubekommen (vgl. Pinner zu 290). Von letzterer Regel möchten wir aber die Einziehung in jenen Fällen ausnehmen, wo wir auch eine Kassierung für unbedenklich erachtet haben; denn diese Fälle unterscheiden sich ihrer Wirkung nach in nichts von einer Zusammenlegung.

Bei den Vorarbeiten zum gegenwärtigen HGB. wurde von dem Reichstagsabgeordneten von Strombeck (Denkschrift S. 184 ff.) gegen den § 282 des Entwurfs, nunmehr gleichlautenden § 290 HGB. polemisiert. Es war hierüber schon früher heftig gestritten, das in dem Paragraphen sanktionierte Verfahren aber durch das Reichsgericht für zulässig erklärt worden (RG. 36, 134; 37, 131; 39, 95). von Strombeck führte das Beispiel der Rheinisch-westfälischen Bank an, welche ihre Aktionäre vor die Alternative stellte: entweder zuzahlen oder zusammenlegen, allerdings in einem ganz ungebührlichen Verhältnis; z. B. 4 : 1, 6 : 1, ja es sollen sogar Fälle vorgekommen sein von 12 : 1. Es wurde so durch Androhung einer gewissen Privatexpropriation seitens der Gesellschaft ein ungesetzlicher Zwang zu Nachzahlungen ausgeübt.

Derartige Beschlüsse sind ungesetzlich, wenn die angedrohte Zusammenlegung nicht im Verhältnis zu den eingeforderten Zuzahlungen steht. Wenn z. B. gestattet wird, 3 alte Aktien à 1000 Mk. gegen Zuzahlung von 800 Mk. in 2 neue Aktien à 1000 Mk. umzuwandeln, so bedeutet dies: 3000 Mk. alter Aktien werden zu 1200 Mk. in Zahlung genommen, und es entspricht dem eine Zusammenlegung der nicht zuzahlenden von 5 : 2. Wenn der Herabsetzungsbeschluß bestimmen würde, daß die Aktien derjenigen Aktionäre, die das Bezugsrecht nicht ausüben, in einem schlechteren Verhältnis, etwa von 4 : 1, zusammenzulegen seien, müßte er beanstandet werden. Einer solchen Bestimmung wäre die Gültigkeit zu versagen, weil sie gegen den das Rechtsverhältnis der Aktionäre beherrschenden Grundsatz der Gleichberechtigung aller Aktionäre verstößt und ein Zwangsmittel anwendet, um die Aktionäre zu einer Leistung zu veranlassen, die über ihre durch § 211 begrenzte Verpflichtung hinausgeht.

Es ist etwas anderes, ob demjenigen Aktionär, der eine geforderte Einzahlung nicht leisten will oder kann, angedroht wird, daß er mit seiner Aktie zurücktreten müsse, oder, daß ihm seine Anteilsrechte außerdem noch in höherem Maße geschmälert würden, als denen, die Zuzahlung leisten. Dies ist ein Zwang, der nicht gestattet ist, und eine Maßnahme, die in ihrer Durchführung zu einer nicht erlaubten ungleichen Behandlung führt. Im vorliegenden Falle ist den Aktionären, die 800 Mk. einzahlen, freigestellt, 3 Aktien über zusammen 3000 Mk. mit 1200 Mk. an Zahlungsstatt zu geben, also 40 Prozent des Nennbetrages zu behalten. Die anderen sollen sich eine Zusammenlegung von 4 : 1 gefallen lassen, also nur 25 Prozent behalten. Eine solche Bestimmung ist gesetzwidrig und daher nichtig (vgl. RG. 52, 293 ff.).

Ein anderer Mißbrauch ist durch den Abs. 3 des § 290 ausgeschlossen, daß nämlich die Generalversammlung im Falle der Zusammenlegung, wenn die Frist für die Einreichung der Aktien nicht eingehalten würde, den Verlust des Aktienrechtes ohne Entschädigung für die nicht rechtzeitig eingelieferten Aktien beschließen könne. Der gedachte Beschluß würde die Folge haben, daß nicht bloß das Grundkapital um den Betrag der nicht eingelieferten Aktien vermindert wird, sondern daß auch den Aktionären, welche die Einlieferung unterlassen, ihr Anteil am Gesellschaftsvermögen zugunsten der übrigen Aktionäre entzogen wird (RG. 37, 131, abgedruckt in Seuff. Arch. 52, 92).

So wenig die Aktiengesellschaft berechtigt ist, die alten Aktien für den Fall der Säumigkeit in der Einreichung zum Umtausch für ungültig zu erklären, so steht ihr auch nicht das Recht zu, in solchem Falle die alten Aktien ihrer Dividenden, und die Inhaber der alten Aktien ihres Stimmrechtes schlechthin zu berauben, um so die übrigen Aktionäre auf Kosten der Säumigen zu bereichern. Beschließt eine Aktiengesellschaft die Herabsetzung des Grundkapitals unter Zusammenlegung von Aktien, und die Aufforderung zum Umtausch unter einem derartigen unzulässigen Präjudiz, so bleibt die Unzulässigkeit desselben bedeutungslos, wenn alle Aktionäre der Aufforderung Folge geben, ihre alten Aktien zum Umtausch einreichen und dafür die neuen Aktien entgegennehmen. Der Beschluß der Herabsetzung des Grundkapitals unter Zusammenlegung von Aktien erweist sich dann trotz des unzulässigen Präjudizes als gültig und vollwirksam. Werden aber die alten Aktien von einem oder von einigen Aktionären nicht zum Umtausch eingereicht, so wird dadurch die Ausschließung derjenigen Aktionäre, welche ihre Aktien nicht eingereicht haben, auch dann nicht gültig, wenn diese den Generalversammlungsbeschluß innerhalb der einmonatigen Frist des § 271 durch Klage anzufechten unterlassen haben. Die Aktiengesellschaft ist vielmehr verpflichtet, auch nach Ablauf der unter einem unzulässigen Präjudiz gestellten Präklusiv-Frist jenen Aktionären den Umtausch so zu gestatten, wie es dem Generalversammlungsbeschluß, abgesehen von dem unzulässigen Präjudiz, entspricht, und der säumige Aktionär hat ein Recht, dies zu beanspruchen (RG. 38, 98—100).

Auch nach der Zusammenlegung müssen die Aktien auf einen Nennbetrag von mindestens 1000 Mk. lauten. Jedoch ist in dieser Beziehung ein besonderer Vorbehalt zugunsten alter vor 1884 ausgegebener Aktien im Art. 24 EGzHGB. gemacht:

„Sind die Aktien einer bestehenden Aktiengesellschaft oder Kommanditgesellschaft auf Aktien gemäß den vor dem Inkrafttreten des Gesetzes vom 18. Juli 1884 (Reichs-Gesetzbl. S. 123) in Geltung gewesenen Vorschriften auf einen geringeren Betrag als eintausend Mark gestellt, so bleiben im Falle einer Zusammenlegung oder sonstigen Umwandlung dieser Aktien die Vorschriften des § 180 Abs. 1 des Handelsgesetzbuches außer Anwendung. Der Nennbetrag der Aktien darf jedoch nicht herabgesetzt werden." Die Denkschrift bemerkt hiezu: „Soll das Grundkapital einer älteren Gesellschaft, deren Aktien auf weniger als 1000 Mk. lauten, eine Herabsetzung erfahren, so ist es eine Forderung der Billigkeit, die Zusammenlegung in der Weise zu gestalten, daß der Nennbetrag einer umgewandelten Aktie bis zu dem der bisherigen Aktie heruntersteigen darf. Andernfalls würde eine solche Herabsetzung des Grundkapitals entweder überhaupt nicht oder doch nur unter Ausschließung einer größeren Zahl von Beteiligten, die sich nicht im Besitze der zum Umtausch erforderlichen Menge von Aktien befinden, durchführbar sein."

In Übersehung dieses Artikels ist Esser (die Aktiengesellschaft 1907) zu folgenden irrigen Ausführungen gekommen: „Werden bei einer älteren Gesellschaft, deren Aktien über weniger als 1000 Mk. lauten, neue Aktien erteilt, so müssen diese über mindestens 1000 Mk. lauten. Wird aber die Zusammenlegung in anderer Weise, z. B. so bewerkstelligt, daß jeder Aktionär eine bestimmte Anzahl alter Aktien einliefert und davon eine abgestempelt zurückerhält, sodaß deren ursprünglicher Nominalbetrag für die gesellschaftliche Beteiligung maßgebend bleibt, während die anderen Aktien zugunsten der Gesellschaft verfallen, so behalten die verbleibenden Aktien ihre ursprüngliche Höhe von weniger als 1000 Mk., wenn auch die Herabsetzung des Grundkapitals unter der Herrschaft des neuen Gesetzes erfolgt. Hier hat eben keine Reduktion der einzelnen Aktien stattgefunden; die Aktionäre sind nur genötigt worden, auf je eine Aktie eine gewisse Anzahl von Aktien zu abandonnieren."

Nach obigem Artikel ist also diese Unterscheidung zwischen einer Zusammenlegung, wobei neue Aktienurkunden ausgegeben und jener, wobei die alten Urkunden weiterbenützt werden, unzulässig. Es wäre auch unzweckmäßig, aus einer so unwesentlichen Äußerlichkeit die Notwendigkeit einer verschiedenen juristischen Behandlung der zusammenzulegenden Aktien zu folgern. Es würde das nur zu einer Verhinderung der aus Gründen der Verkehrssicherheit und Reinlichkeit vorzuziehenden Neuausgabe führen. Namentlich wenn mehrere Zusammenlegungen aufeinander folgen, könnten sich bei der Verwendung der alten Urkunden unangenehme Folgen ergeben.

Mit dem Grundkapital wird auch der Nennwert der einzelnen Aktien herabgesetzt; die gesetzliche Mindesthöhe wird erst wieder durch Vereinigung mehrerer Aktien hergestellt. Doch bleibt die Anteilsquote der einzelnen Aktien an dem Grundkapital unverändert (ROHG. 25, 260). Weder juristisch noch wirtschaftlich tritt eine Wertminderung der Aktien ein, wenn auch der geminderte Nennwert nicht ohne Einfluß auf den Handelswert der Aktien sein mag (vgl. Renaud, Akt.-Ges., 2. Aufl. S. 105, RG. 17, 14; 19, 110; 21, 157). Die herabgeminderte Aktie tritt in rechtlicher Beziehung ganz an die Stelle der ursprünglichen, es wird kein neuer Vermögenswert geschaffen, sondern nur dem alten eine neue Form gegeben (RG. v. 4. XI. 95 in Seuff. A. 51, 193). Das Mitgliedschaftsrecht, das Verhältnis zu den übrigen Aktien, bleibt nach wie vor das gleiche. Es ist kein Unterschied, ob ein Aktionär bei einem Grundkapital von 1 000 000 Mk. 100 Aktien à 1000 Mk. oder nach einer Zusammenlegung im Verhältnis von 2 : 1, also bei einem nunmehrigen herabgesetzten Grundkapital von 500 000 50 Aktien à 1000 Mk. besitzt. In beiden Fällen hat er ein Zehntel der Aktien, in beiden Anspruch auf ein Zehntel des Reingewinns und des Liquidationserlöses.

Daß man die Beteiligungseinheiten durch neue ersetzt, ändert die Beteiligungsquoten nicht. Der Aktionär hat kein Sonderrecht darauf, daß die Aktienurkunde den Betrag der ursprünglich erfolgten Einzahlung konstatiere. Zudem würde einem solchen Anspruch Genüge geschehen, wenn die neuen Aktien einen Vermerk darüber enthalten, daß sie infolge der Reduktion an Stelle von z. B. 2 Aktien über je 1000 Mk. getreten (vgl. ROHG. 25, 260 ff.).

VI.

Buchung der Herabsetzung.

Eine Herabsetzung ist auch in der Bilanz durch Herabsetzung des Aktienkapital-Kontos zum Ausdruck zu bringen. Wann aber die Gesellschaft berechtigt und verpflichtet wird, die Reduzierung auf der Passivseite zu vermerken, ist sehr bestritten. Soweit herrscht Übereinstimmung, daß der Zeitpunkt der erfolgten Herabsetzung entscheidend ist, das ist derselbe, der nach § 291 für die Eintragung der Herabsetzung in das Handelsregister maßgebend ist. Während einzelne (Staub, 5. Aufl. S. 648 § 9, Hergenhahn S. 242 b. Johow Bd. 9 S. 22) die Eintragung des Herabsetzungsbeschlusses für ausschlaggebend erachten, halten andere (ROHG. Bd. 18 S. 426, Ring S. 693 Anm. 5, Puchelt S. 504 Anm. 3 c) die Reduktion erst nach Durchführung der Gläubigerschutzvorschriften und Ablauf des Sperrjahres für erfolgt. Die erste Ansicht haben wir schon an anderer Stelle zurückgewiesen, die zweite ist nur mit Modifikationen richtig; ebenso wurde die neuere Ansicht Staubs (Suppl. 1897 S. 124 und 8. Aufl.) zurückgewiesen: „sobald feststeht, um wieviel das Kapital herabgesetzt wird". (Vgl. hiezu Pinner). Auch Esser irrt, wenn er in seiner neuesten Auflage 1907 ausführt: „Mit der Eintragung des die Herabsetzung verfügenden Beschlusses der Generalversammlung muß das verminderte Grundkapital für die Gesellschaft als das allein maßgebende gelten. Wird eine Bilanz errichtet, bevor die zur Durchführung der Herabsetzung vorgeschriebenen Formalitäten und Maßregeln erfüllt sind, insbesondere bevor das Sperrjahr abgelaufen ist, so muß dennoch in der Bilanz das herabgesetzte Grundkapital zur Erscheinung gebracht werden, nur darf aus der Differenz zwischen diesem und dem früheren Grundkapital vor vollständiger Durchführung der Herabsetzung nach Maßgabe der gesetzlichen Vorschriften nichts an die Aktionäre zur Bezahlung gelangen; diese Differenz ist vielmehr zunächst als ein Passivum zu verbuchen, kann aber auch zu Abschreibungen verwendet werden, soweit dies nach dem Beschluß der Generalversammlung gestattet ist."

Esser kommt der richtigen Ansicht nahe, indem er die Differenz als Passivum verbucht. Es ist nicht viel Unterschied, ob das Grundkapital in seiner ursprünglichen Höhe in der Bilanz steht oder eine diesem gleiche Summe aus dem verminderten Grundkapital und der Differenz. Esser ist nur scheinbar ein Gegner unserer Ansicht; sein letzter Halbsatz ist ein Widerruf der vorhergehenden Ausführungen. Die Differenz bucht er weiter als Passivum, das tun wir auch, oder er verwendet sie zu Abschreibungen, ohne sie als Passivum weiterzuführen, das tun wir wieder, weil es sich hier um eine buchmäßige Herabsetzung handelt, dort um eine effektive, wo erst das Sperrjahr abzuwarten ist.

Im einzelnen ergeben sich nach unseren früheren Ausführungen folgende Fälle:

1. Herabsetzung durch teilweise Zurückzahlung des Grundkapitals. Deren Buchung ist erst nach Ablauf des Sperrjahres zulässig. Das alte Aktienkapital ist als solches solange und so weit in den Passiven der Bilanz aufzuführen, bis effektiv und zulässigerweise die Rückzahlung erfolgt ist.

2. Herabsetzung durch Liberierung. Auch hier darf erst nach Ablauf des Sperrjahres das Konto der Aktionäre für die fehlenden Einzahlungen erkannt und das Aktienkapitalkonto für den gleichen Betrag belastet werden. Durch diese Buchung wird die geschehene Herabsetzung des Grundkapitals zum Ausdruck gebracht.

3. Ankauf von Aktien. Erst mit dem Erwerb des Eigentums der Aktien und Zahlung des Kaufpreises (d. i. erst nach Ablauf des Sperrjahres) ist das Grundkapitalskonto für den Nennbetrag der gekauften Aktien zu belasten.

4. Herabsetzung ohne Auskehrung von Gesellschaftsvermögen. Keine gesetzliche Bestimmung hindert in diesem Falle sofort die Herabsetzung vorzunehmen. Mit dem Zeitpunkt der Bekanntmachung wird das zuständige Organ der Aktiengesellschaft in den Büchern das Aktienkapital herabzusetzen haben, vgl. Simon Bil. S. 211.

Fischer (Bilanzwerte 1908) sagt: „Soweit der Buchungsakt der Herabsetzung des Grundkapitalkontos auf solche Veränderungen des Gemeinschaftsvermögens zurückgeht, die eine Gefährdung von Interessen Dritter bedeuten, ist mit Vornahme des entsprechenden Buchungsaktes bis nach Ablauf der Frist in § 289 Abs. 2 und 3 zu warten", also nicht bei der rein buchmäßigen Herabsetzung, wo Interessen Dritter nicht in Frage stehen.

Die letztere kommt in der Bilanz in der Weise zum Ausdruck, daß links auf den Aktiv- (hauptsächlich den Anlage-) Konten und rechts auf dem Einlage-Kapital-Konto ein gleichmäßiges Herunterstreichen vorgenommen wird. Dadurch wird eine ziffernmäßige Erhöhung der Rentabilität des in dem betreffenden Unternehmen arbeitenden Einlage-Vermögens angestrebt.

Eine Gesellschaft ist mit einem Grundkapital von 3 000 000 gegründet. Ein summarisches Bild der Bilanz ist folgendes: wir wollen den Reservefonds vernachlässigen:

Aktiva		Passiva	
Diverse Aktiva	3 000 000 Mk.	Grundkapital	3 000 000 Mk.
	3 000 000 Mk.		3000000 Mk.

Die Gesellschaft kann wegen Übergründung nur geringe Dividenden verteilen; mit 2 000 000 würde sie rentabler arbeiten. Sie bringt deshalb 1 Million zur Rückzahlung. Die Bilanz bekommt dann folgendes Bild:

Aktiva		Passiva	
Diverse Aktiva	2 000 000 Mk.	Grundkapital	2 000 000 Mk.
	2 000 000 Mk.		2 000 000 Mk.

Ebenso würden die Bilanzen in dem Falle lauten, daß die Gesellschaft mit einem ursprünglichen Kapital und dementsprechend einem ursprünglichen Aktivvermögen von 3 000 000 gegründet wurde. Die Aktiven sind im Laufe der Jahre auf 2 000 000 entwertet worden. Um die Unterbilanz zu vermeiden, die eintreten würde, sobald man das Aktivenkonto auf seinen richtigen Wert korrigiert, wird in der Weise saniert, daß zugleich mit dieser Korrektur der Aktiven das Grundkapital um 1 Million herabgesetzt wird.

Aus einem mit dem hier angeführten verwandten Motive kann man gleichfalls zu einer Herabsetzung des Grundkapitalkontos gelangen. Ebenso, wie man, um die Ertragsfähigkeit des Einlagevermögens zu steigern, das Grundkapitals-Konto gegen die Anlage Konten saldiert, kann man in dem anderen Falle, wo zwar die Aktiven nicht entwertet worden, dagegen solche verloren gegangen sind, um schneller wieder aus der hier schon vorhandenen Unterbilanz in das Verdienen zu kommen, den Vortrag des Minus-Reinvermögens der Gewinn- und Verlustrechnung mit dem Grundkapital-Konto saldieren. Da dieser Vortrag auf die Dauer seines Bestehens eine Gewinnverteilung ausschließt, wird der Eintritt des Zeitpunktes, von dem an das Ausschütten von Dividenden wieder beginnen kann, dadurch beschleunigt, daß man den aus früheren Jahren stammenden Verlust-Vortrag mit dem Grundkapitals-Konto ausgleicht (Fischer S. 333).

Wenn also die Bilanz beispielsweise lautet:

Aktiva		Passiva	
Diverse Aktiva	850 000 Mk.	Grundkapital	1 000 000 Mk.
Verlust	150 000 „		
	1 000 000 Mk.		1 000 000 Mk.

wird das Grundkapital um 150 000 Mk. herabgesetzt und der sonach freiwerdende Betrag rein buchmäßig zur Deckung des Verlustes verwendet. Durch Abstreichung von je 150 000 Mk. bekommen wir dann folgende gesunde Bilanz:

Aktiva		Passiva	
Diverse Aktiva	850 000 Mk.	Grundkapital	850 000 Mk.
		Gewinn- und Verlust-Konto	— „
	850 000 Mk.		850 000 Mk.

Wenn zu besorgen wäre, daß auch im kommenden Jahre noch ein Verlust von z. B. 50 000 Mk. eintritt, dann aber wieder bessere Zeiten kommen, würde die Gesellschaft ihr Grundkapital um 200000 Mk. herabsetzen. Sie bekäme dann einen buchmäßigen Gewinn von 50 000 Mk., der aber nicht zur Verteilung gelangen darf, sondern dem gesetzlichen Reservefonds zufließen muß, dem er dann nach einem Jahre zur Deckung des Verlustes wieder entnommen wird.

Die Bilanz wäre folgende:

Aktiva		Passiva	
Diverse Aktiva	850 000 Mk.	Grundkapital	800 000 Mk.
		Gewinn- und Verlustkonto (zuzuweisen dem gesetzl. Reserve-Fonds)	50 000 „
	850 000 Mk.		850 000 Mk.

VII.

Amortisation oder Einziehung.

Einziehung ist die aus dem Gesetz betr. die Gesellschaften mit beschränkter Haftung vom 20. IV. 1892 stammende Verdeutschung von Amortisation.

Amortisation oder Einziehung im speziellen Sinne des Aktienrechtes ist die Verminderung der Zahl der Anteilsrechte (Makower). Sie unterscheidet sich von dem „Erwerb eigener Aktien" (§ 226); einmal dadurch, daß hier das Anteilsrecht während der Dauer der Konfusion ruht, nach deren Beendigung aber wieder auflebt, während es bei der Einziehung durch die Konfusion für immer untergehen soll, aber auch dadurch, daß zur Einziehung der „Erwerb" nicht unumgänglich notwendig, wenn auch die Regel ist. Es ist also die Ansicht unzutreffend, welche die Einziehung als einen Sonderfall des Erwerbs eigener Aktien betrachtet.

Die Einziehung ist auch verschieden von der Kaduzierung nach § 219, die sich gegen den Aktionär, nicht gegen das Aktienrecht richtet. Der säumige Aktionär wird seines Anteilsrechtes und der geleisteten Einzahlungen verlustig erklärt, während das Recht zugunsten der Gesellschaft fortbesteht.

Die Einziehung unterscheidet sich ferner von der „Kraftloserklärung von Aktien oder Interimsscheinen" (§ 228); denn bei dieser handelt es sich nicht um Beseitigung von Anteilsrechten, sondern um Beseitigung von Urkunden über die nach wie vor bestehenden Anteilsrechte. Sie löst das Aktienrecht von der dasselbe verbriefenden Urkunde los, um das Anteilsrecht, das an sich die rechtlichen Schicksale der Urkunde teilt, aus dieser unter Umständen verhängnisvollen Verbindung zu befreien; das Anteilsrecht besteht hier weiter. Bei der Einziehung wird es nicht nur von der Urkunde losgelöst, sondern vernichtet. Übrigens sind auch bei der Kraftloserklärung 2 Fälle zu unterscheiden: bei der Kraftloserklärung des § 290 bleibt sowohl das Aktienrecht bestehen, als auch das Recht des gegenwärtigen Inhabers, bei der Kraftloserklärung des § 228 bleibt zwar auch das Aktienrecht bestehen, aber nicht das des gegenwärtigen unrechtmäßigen Inhabers, sondern das Aktienrecht dessen, der die Kraftloserklärung bewirkt. Wie hier, so kann auch bei der Einziehung die Urkunde sehr wohl bestehen bleiben; doch wird sie, wenn sie in die Hände der Gesellschaft gelangt, rationellerweise der Vernichtung zugeführt.

Innerhalb des Begriffs der Einziehung unterscheidet das Gesetz die Einziehung aus dem nach der jährlichen Bilanz verfügbaren Gewinn (§ 227) und die Einziehung, welche nach den für die Herabsetzung des Grundkapitals maßgebenden Vorschriften stattfindet. Eine andere Unterscheidung ist die in freiwillige und Zwangseinziehung. Letztere ist die durch Auslosung, Kündigung oder in ähnlicher Weise, d. i. zum Nennwert, erstere die mittels freihändigen Ankaufs, d. i. zum Tagespreis bewirkte Einziehung. Diese erfolgt entweder durch privaten Ankauf oder an der Börse oder im Wege der Submission, jedenfalls in Übereinstimmung mit dem derzeitigen Aktionär, letztere kann demselben aufgenötigt werden.

Eben deswegen ist in § 227 vorgeschrieben, daß die Anordnung oder Gestattung der Zwangseinziehung nur in dem ursprünglichen Gesellschaftsvertrag oder durch eine vor der Zeichnung der Aktien bewirkte Änderung desselben getroffen werden könne; es soll auf diese Weise jeder Aktionär schon vor dem Erwerb der Aktien darauf aufmerksam gemacht werden, daß er jederzeit seine Aktie zum Nennwert wieder verlieren kann. Dieses Risiko wird den Kurs der Aktie etwas drücken und zwar ungefähr um den Betrag der Prämie, gegen deren Bezahlung sich der Aktionär gegen den Verlust, den er durch Auslosung oder Kündigung erleiden wird, versichern kann. Ein solches Warnungssignal ist nicht in der gleichen Weise notwendig, wenn die Einziehung mittels Ankaufs der Aktien geschehen soll. Hier genügt die Anordnung oder Gestattung im Gesellschaftsstatut, ohne daß diese schon in dem ursprünglichen Gesellschaftsvertrag oder durch eine vor der Zeichnung der Aktien bewirkte Änderung desselben getroffen sein müßte; sie kann also in diesem Falle auch durch eine spätere Änderung, wobei natürlich die auf die Abänderungen des Gesellschaftsvertrages bezüglichen gesetzlichen Bestimmungen zu beobachten sind, angeordnet oder gestattet sein; aber ganz ist die Bestimmung im Gesellschaftsvertrage auch hier nicht entbehrlich. Diese Voraussetzung ist also für beide Arten gemeinsam.

Die Einziehung untersteht sonach immer der Zuständigkeit der Generalversammlung. Ein Beschluß, wonach ein Anlehen aufgenommen wird und der Betrag desselben der Direktion zur Verfügung gestellt werden soll, um damit unter Zustimmung des Aufsichtsrats Aktien der Gesellschaft zurückzuzahlen, ist ungültig. Die Generalversammlung ist nicht befugt, ihre Rechte auf andere, insbesonders Vorstand oder Aufsichtsrat zu übertragen, (RG. 26, 132).

Die Anordnung oder Gestattung ist aber nicht nur für diejenige Einziehung vorgeschrieben, welche aus dem nach der jährlichen Bilanz verfügbaren Gewinn erfolgt, sondern auch für die Einziehung aus dem Grundkapital. Ebenso Goldmann. Sie ist Voraussetzung jeder Einziehung. Es ist dies eine Abweichung von dem bis 1900 geltenden Recht (Art. 215 des Abs. 2 des Gesetzes v. 18. VII 1884). Irrig ist die veraltete Ansicht Makowers, die er in seinem Kommentar von 1901 als die herrschende Meinung hinstellt, daß die Vorschriften des § 227 nicht anzuwenden seien, wenn es sich um eine Einziehung aus dem Grundkapital handelt. (Vgl. Denkschrift S. 138).

Das „anordnen" oder „gestatten" ist nicht etwa nur in der Weise zu verstehen, daß der Vorschrift mit einer bloßen Anordnung oder Gestattung genügt wäre; anderseits kann aus dieser Bestimmung nicht, wie manche wollen, herausgelesen werden, daß schon im voraus ein vollständiger Amortisationsplan vorliege. Es dürfte genügen, wenn die vorherige Regelung soweit erfolgt ist, daß jede Willkür und jedes Ermessen ausgeschlossen ist. Jedenfalls muß in der Anordnung schon so viel enthalten sein, daß man daraus entnehmen kann, in welcher Weise die Einziehung zu erfolgen hat, ob sie mittels Auslosung, Kündigung oder in ähnlicher Weise oder aber durch freihändigen Ankauf erfolgen soll. Das letztere ergibt sich übrigens dann von selbst, wenn die Bestimmung erst nachträglich dem Gesellschaftsvertrag eingefügt wird. Aber auch bei der Anordnung im ursprünglichen Gesellschaftsvertrag muß schon festgesetzt werden, ob die Einziehung zum Nennwert, d. i. mittels Auslosung, Kündigung oder in ähnlicher Weise oder zum Kurswert, d. i. mittels freihändigen Ankaufs geschehen soll (vgl. Staub Anm. 8, Behrend § 143 Anm. 18 S. 952, Ring Nr. 3, Pinner S. 124).

Weitere Erfordernisse können für die Anordnung oder Gestattung kaum aufgestellt werden. Sind die obigen erfüllt, so sind die Aktionäre zur Genüge davon unterrichtet, daß und in welcher Weise ihre Aktien der Ausscheidung unterliegen. Die Gläubiger brauchen nicht im voraus darauf hingewiesen zu werden, da sie an einer Einziehung aus dem Reingewinn überhaupt nicht interessiert sind, und eine Einziehung aus dem Grundkapital ihnen außer durch den Gesellschaftsvertrag noch gemäß den Bestimmungen über die Herabsetzung des Grundkapitals bekannt zu machen ist.

Jede nachherige Anordnung der Zwangseinziehung ist ohne Zustimmung jedes einzelnen Aktionärs ungültig und ermächtigt ihn, schon bevor die Ausführung erfolgt ist, zur Klage (Pinner und RG. in JW. 1886 S. 446/47). Sind die Beteiligten einverstanden, so kann die eine Zwangseinziehung anordnende Statutenänderung auch später erfolgen, da durch die Bestimmung nur die Rechte des einzelnen geschützt, nicht aber etwa generell die Zulässigkeit von statutarischen Bestimmungen über derartige Einziehungen geleugnet werden soll (Cosack S. 666 b und die eben angeführte RGE. v. 8. XI. 1886).

Dies scheint jedenfalls erträglicher und den Verkehrsbedürfnissen mehr entsprechend, als die Ansicht Makowers, daß die Folge der Unzulässigkeit bei nicht schon ursprünglich vorhandener, bezw. nicht vor der Zeichnung der Aktien getroffener Satzungsbestimmung die Nichtigkeit der Einziehung sei. Er folgert dies aus den Wörtchen „kann" und „muß". Das Gesetz will seinen Schutz denen nicht aufnötigen, die ausdrücklich zu erkennen geben, daß sie denselben nicht wollen, oder desselben nicht bedürfen.

Wenn übrigens das Gesetz von der Einziehung mittels Ankaufs spricht, erwähnt es den Ankauf nur als Hauptbeispiel der freihändigen Einziehung, nicht etwa um andere gleichwertige Arten auszuschließen. Die Bestimmungen, die für die Einziehung mittels Ankaufs erlassen sind, gelten in vollständig gleicher Weise, wenn der Erwerb der

Aktien erfolgt im Wege des Austausches oder der Hingabe an Erfüllungsstatt, der Schenkung, des Vergleichs (z. B. Hingabe von Aktien gegen den Verzicht auf Regresse aus schlechter Gründung oder Verwaltung); ebenso können durch letztwillige Zuwendung Aktien mit der Absicht und der Wirkung des Untergangs des Aktienrechts der Gesellschaft überlassen und von ihr erworben werden (vgl. Staub).

Was die „Kündigung" anlangt, so ist diese natürlich nicht dem Belieben der Gesellschaft anheimgestellt, sodaß sie damit etwa irgend welchen Zwang gegen mißliebige Aktionäre ausüben könnte. Sie hat nach einem bestimmten, alle Aktionäre theoretisch gleich behandelnden Plan zu erfolgen. Dies steht nicht ausdrücklich im Gesetz, kann auch nicht wohl aus der Nebeneinanderstellung von Auslosung und Kündigung im § 227 gefolgert werden. Der Gesetzgeber versteckt seine Verbote nicht in so raffinierter Weise, wie Staub meint. Es ergibt sich dies aus den allgemeinen Bestimmungen des Bürgerlichen Rechts über die Auslegung der Verträge, also auch des Gesellschaftsvertrages, welche so zu erfolgen hat, wie Treu und Glauben mit Rücksicht auf die Verkehrssitte es erfordern (BGB. § 157).

Irrig ist nach diesen Ausführungen die Ansicht Leists (Sanierung S. 95), „die Amortisation durch Ankauf von Aktien könne stets erfolgen, auch wenn keine Statutenbestimmung den Aktionär darauf vorbereitet, daß sein Aktionärrecht der Einziehung unterliegt; denn diese könne ja beim Ankauf nur mit seinem Einverständnis erfolgen." § 227 schreibt in seinem ersten Satze ausdrücklich: „Die Einziehung von Aktien kann nur erfolgen, wenn sie im Gesellschaftsvertrage angeordnet oder gestattet ist." Im Falle der Einziehung durch Ankauf wird nur von dem strengeren Erfordernis, welches für die Zwangseinziehung gilt, abgesehen, daß die Bestimmung schon im ursprünglichen Gesellschaftsvertrag oder durch eine vor der Zeichnung der Aktien bewirkte Änderung des Gesellschaftsvertrags getroffen sein muß.

Daß die Einziehung in jedem Falle, auch wenn sie mittels Ankaufs erfolgt, im Gesellschaftsvertrag angeordnet oder gestattet sein muß, hat seinen Grund nicht allein darin, daß die Aktionäre ein großes Interesse daran haben und das Gesetz dieses Interesse auch als berechtigt anerkennt, vorher zu erfahren, daß ihre Aktien der Einziehung ausgesetzt sind, sondern auch, daß die Gesellschaft damit ermächtigt ist, Grundkapital bezw. Reingewinn zur Einziehung zu verwenden. Was die Verwendung des Grundkapitals anlangt, so kommen hier noch die besonderen schützenden Vorschriften über die Herabsetzung in Betracht; aber auch wenn die Gesellschaft Reingewinn zur Einziehung verwendet, ist dies eine Maßregel, die auch den von der Einziehung nicht direkt berührten Aktionär empfindlich treffen kann. Denn dieser Reingewinn, der in solcher Weise verwendet wird, würde andernfalls zur Ausschüttung von Dividenden herangezogen werden. Es ist allerdings wahr, daß die Einziehung den übrigbleibenden Aktionären später wieder zugute kommt, aber der Aktionär, der Spekulant ist, ist nicht geneigt, diese spätere ihm nicht schon in der Gegenwart zugute kommende Wirkung abzuwarten.

Übrigens muß selbst bei Erfüllung aller dieser Voraussetzungen noch eine abermalige Genehmigung der Generalversammlung der Ausführung vorher gehen, da nach § 260 die Generalversammlung über die Genehmigung der Jahresbilanz und die Gewinnverteilung beschließt. Bei der Einziehung aus dem Grundkapital hat die Generalversammlung außerdem noch einmal mitzureden und zwar in besonders qualifizierter Weise.

Ist schon bezüglich der ausgeführten Punkte der Wirrwarr der Meinungen unendlich, so wird dieser noch vergrößert durch die Mißverständnisse, welche der 2. Absatz des § 227 erfahren hat, durch den das Verhältnis der Einziehung aus dem Gewinn zu der aus dem Grundkapital geregelt ist. Bankdirektor Geh. Justizrat Dr. Rießer hat mit Bezug hierauf den Ausspruch getan: Die Sprache des neuen HGB. ist im allgemeinen überaus klar, schlicht und allgemein verständlich, mit Ausnahme etwa nur des § 227, der von der Einziehung der Aktien handelt, und den man dreimal lesen muß, um ihn dann vielleicht mißzuverstehen."

Jede Art der Einziehung, sei es freiwillige oder Zwangseinziehung, darf nur aus dem nach der jährlichen Bilanz verfügbaren Gewinn bewirkt werden, sofern sie nicht aus den Mitteln des Grundkapitals erfolgt, in welchem Falle sie den für die Herabsetzung des Grundkapitals maßgebenden Vorschriften unterliegt, ohne daß dadurch die für die Einziehung gegebenen Vorschriften überflüssig würden. Die Einziehung hat an sich mit der Herabsetzung des Grundkapitals nichts zu tun. Sie erfolgt regelmäßig nicht aus Mitteln des

Kapitals, sondern aus dem verfügbaren Gewinn. Es kann aber auch die Einziehung als eines der möglichen Mittel zur Durchführung der Herabsetzung gewählt werden. In diesem Falle sind dann die Vorschriften sowohl über die Herabsetzung als auch über die Einziehung zu beobachten. Bei der Einziehung aus dem Reingewinn aber fallen alle Vorschriften, welche die Herabsetzung betreffen, weg, so insbesondere die Vorschriften über die Eintragung; es braucht also weder der Beschluß der Einziehung, noch die erfolgte Einziehung eingetragen zu werden, sofern der erstere nicht nach den Vorschriften über Abänderungen des Gesellschaftsvertrages einzutragen ist.

Irrig ist also die Ansicht Makowers, daß für die Einziehung alle diejenigen Vorschriften entsprechend anzuwenden seien, welche in §§ 288 ff. für die Herabsetzung des Grundkapitals gegeben sind, irrig auch die von ihm aufgestellte Behauptung, daß diese Meinung sich aus dem Wortlaut des Gesetzes vom 10. V. 1897 ergebe. Sie hat auch im Gesetz von 1884 keine Grundlage.

Die richtige Ansicht ergibt sich aus der Denkschrift, die gerade über diesen Punkt exakte Ausführungen enthält, sie wird auch von den Autoren, die Makower für sich anführt, u. a. Staub, jedenfalls seit 1900 vertreten. Wir lehnen seine Ansicht aber auch nach Art. 215 Abs. 2 des Gesetzes von 1884 ab, auch dieses spricht deutlich davon, daß bei der Einziehung aus dem Gewinn die Beobachtung der für die Zurückzahlung oder Herabsetzung des Grundkapitals maßgebenden Vorschriften entbehrlich ist. Auch damals waren diese Vorschriften nur bei der Einziehung aus dem Grundkapital anzuwenden. In dieser Hinsicht sind beide Gesetze gleich, wenn sich auch sonst Wesentliches an dem Institut geändert hat.

Esser faßt die Ansicht des Textes in den kurzen Sätzen zusammen: „Die Amortisation kann aus dem Grundkapital oder aus dem nach der Jahresbilanz verfügbaren Gewinn erfolgen. Erfolgt sie aus dem Grundkapital, so müssen stets die für die Herabsetzung desselben maßgebenden Vorschriften beobachtet werden. Die Amortisation aus dem verfügbaren Gewinn, wobei es der Beobachtung dieser Vorschriften nicht bedarf, kann in anderer Weise als durch Ankauf von Aktien nur stattfinden, wenn sie in dem ursprünglichen Gesellschaftsvertrage, oder durch eine vor der Zeichnung der Aktien bewirkte Änderung des Gesellschaftsvertrages vorgesehen ist.“

Der Unterschied zwischen der Einziehung aus dem Grundkapital und aus dem Reingewinn wird noch bei einer anderen sehr strittigen Frage von größter Bedeutung, ob nämlich durch die Einziehung die Grundkapitalsziffer berührt wird. Wir bejahen diese Frage bei der Einziehung aus dem Grundkapital, weil sie einen Fall der Herabsetzung des Grundkapitals darstellt, verneinen sie dagegen bei der Einziehung aus dem Gewinn. Näheres hierüber in einem besonderen Kapitel.

Zur Durchführung der Einziehung bedarf es, sofern der Gesellschaftsvertrag oder der maßgebende Generalversammlungsbeschluß nichts besonderes festsetzt, eines Aufrufs der einzuziehenden Aktien in den Gesellschaftsblättern und einer Aufforderung an die Aktionäre, die Urkunden binnen einer gewissen Zeit gegen Empfangnahme oder vorläufige Gutschrift der entsprechenden Abfindung an die Gesellschaft einzuliefern, widrigenfalls die Einziehung auch ohne Rückgabe der Urkunden erfolgen werde. Nach Verlauf der Frist ist die Androhung zu verwirklichen, die Abfindung für die nicht zurückgegebenen Aktien ist zu hinterlegen. So Behrend, leider nicht ganz so das Gesetz.

Diese Grundsätze sind zwar ähnlich für den Fall der Zusammenlegung anerkannt, für die Einziehung sind sie nicht gesetzlich festgelegt, doch wären sie auch hier nicht unzweckmäßig. Die Frage, wie die nichteingelieferten Aktien zu behandeln seien, kann nur praktisch werden bei der Zwangseinziehung. Was hätten die Bestimmungen über die Anordnung oder Gestattung der Einziehung im Gesellschaftsvertrag für einen Sinn, wenn der einzelne Aktionär, der sie vor Erwerb der Aktien kannte und durch den Eintritt in die Gesellschaft als für sich verbindlich anerkennt, dieselben durch passiven Widerstand hinfällig machen könnte? Erfolgt die Einziehung aus dem Grundkapital, dann ist das Verfahren nach § 290 ohne weiteres zulässig; es handelt sich um eine Herabsetzung mittels Verminderung der Zahl der Aktien durch Umtausch, Stempelung oder durch ein ähnliches Verfahren. Die Ähnlichkeit zwischen dem Fall, wo drei Aktien gegen zwei Aktien umgetauscht oder von drei Aktien zwei abgestempelt zurückgegeben werden, mit dem Fall, wo von drei Aktien eine eingezogen wird, kann nicht bestritten werden. Absatz 3 bleibt dann außer Anwendung. Erfolgt aber die Einziehung aus dem Reingewinn, so wird ohnedies der regelmäßige Weg der des freihändigen Ankaufs sein, sollte sie aber zum Nennbetrag stattfinden, so wird sie praktisch jedenfalls ohne Benachteiligung gehandhabt werden, indem der Aktionär mit der Einziehung nicht endgültig zum Ausscheiden gezwungen wird, sondern an Stelle seiner Aktien einen Genußschein mit ungeminderten Rechten empfängt. Eine Weigerung, die dennoch denkbar wäre, — die Möglichkeit ist auf ein Mindestmaß herabgesunken — kann der Gesellschaft keinen Schaden bringen, da die Einziehung zum Nennwert im Gesellschaftsvertrag vorgesehen ist, dem sich der Aktionär durch seinen Beitritt unterworfen hat. In diesem äußerst seltenen Fall ist der Weg der Klage einfacher als der der Kraftloserklärung nach § 290. Dennoch wäre für diesen Fall die gesetzliche Gestattung der Kraftloserklärung ein schätzbares Pressionsmittel zur Einlieferung. Die gesetzliche Möglichkeit der Androhung dieses Mittels macht seine wirkliche Anwendung regelmäßig überflüssig.

Die Einziehung erfolgt im Falle der Zwangsamortisation durch Auslosung, und zwar hat sich die jährliche Auslosung in der Praxis sehr bewährt und wird gegebenen Falles auch von den meisten Aktiengesellschaften gewählt, oder sie erfolgt durch Kündigung oder ein ähnliches Verfahren; dazu tritt die Einlieferung der Aktien und die die Einziehung aussprechende Erklärung der Gesellschaft. Die freiwillige Einziehung erfolgt durch Erwerb der Aktie und Erklärung der Einziehung. Letztere kann dem Erwerb vorhergehen oder nachfolgen. In ersterem Fall ist dann die Einziehung mit dem Erwerb bezw. dessen Surrogat, der Kraftloserklärung, wenn die Aktie vernichtet oder abhanden gekommen ist, vollzogen. Es wird also in der Regel für den Untergang des Anteilsrechts der Zeitpunkt maßgebend sein, in welchem die Gesellschaft anteilberechtigt werden würde, wenn der Einziehungsbeschluß nicht bestünde, und insoweit kann dem RG. (JW. 1899, 284) zugestimmt werden, wenn es annimmt, daß die Amortisation als erfolgt gilt, wenn die Aktienurkunden in den Besitz der Gesellschaft gelangt sind. Der Untergang des Anteilsrechtes tritt jedoch erst mit dem Zeitpunkt des Einziehungsbeschlusses ein, wenn die Gesellschaft schon berechtigt bezüglich der einzuziehenden Anteilsrechte ist (ähnlich M a k o w e r).

Ob die Mitgliedscheine, welche die eingezogenen Anteilsrechte verbrieft haben, vernichtet werden, ist unerheblich (Staub). Durch die vollzogene Einziehung ist die Aktie jedenfalls rechtlich vernichtet. Der gutgläubige Erwerber eingezogener Aktien hat auf den Schutz der §§ 932 BGB. und 366 HGB. keinen Anspruch, da diese Vorschriften gültige Urkunden voraussetzen (Behrend § 143 Anmerkung 15).

Um jede Schädigung Dritter und eine eventuelle Haftung auszuschließen, ist es gut, die eingezogenen Aktien der Vernichtung zuzuführen; doch kommt es vor, daß sie bei gleichzeitiger oder nachfolgender Erhöhung des Grundkapitals wieder verwendet werden (vgl. Holdheims Monatschrift 1894 S. 80). Sehr zweckmäßig ist in dieser Beziehung die Bestimmung im schweizerischen Recht (OR. 628), daß die zum Zwecke der Einziehung zurückerworbenen Aktien sofort für jede weitere Veräußerung unbrauchbar zu machen sind; damit wird jeder Mißbrauch und jede zufällige Schädigung Dritter ausgeschlossen.

Es kann allerdings die Aktie, deren Einziehung schon ausgesprochen ist, noch ein Wertpapier sein. Ist die Einziehung wie regelmäßig vor der Einlieferung schon ausgesprochen, so ist die Aktienurkunde noch Trägerin des Anspruchs auf die an die Stelle des Anteilsrechts tretende Abfindung. Daher kann gleichzeitig mit der Einziehung und auch noch nach derselben ein Verfahren auf Kraftloserklärung der Aktienurkunde stattfinden (vgl. Behrend).

Was übrigens die Einziehung nach § 227² anlangt, so ist dort die Rede von dem verfügbaren Gewinn. Damit ist zum Ausdruck gebracht, daß nicht der ganze Gewinn zur Einziehung verwendet werden darf, sondern nur, was nach Dotation des gesetzlichen Reservefonds übrig bleibt. Die Quote zum Reservefonds ist gesetzlich vorgeschrieben, unterliegt also nicht der Verfügung der Generalversammlung. Es heißt dort ferner, die Einziehung darf nur aus dem „nach der jährlichen Bilanz" verfügbaren Gewinn erfolgen; es heißt nicht etwa „aus dem Jahresgewinn". Es steht also nichts im Wege, die Einziehung aus Mitteln zu bewirken, welche aus freiwilligen Ansammlungen früherer Jahre stammen (vgl. Plotke in Holdheims Zeitschrift 1896 S. 149).

Von einem neueren Schriftsteller (Fischer, Bilanzwerte 1908) wird ausgeführt, der sogenannte freihändige Ankauf eigener Aktien zu Einziehungszwecken werde irrigerweise als Kauf bezeichnet. In Wahrheit handle es sich um die entgeltliche Abfindung von Aktionär-Rechten. Denn die kaufende Gesellschaft will, daß das Mitgliedschaftsrecht in der Person des entäußernden Aktionärs aufhöre zu existieren und sie verlangt nur aus Sicherheitszwecken die Herausgabe des seines Rechtes und damit seines Wertes entkleideten Papiers (l. c. S. 355 ff.). In gleicher Weise habe die sogenannte Schenkung von eigenen Aktien zu Einziehungszwecken nicht die geringste Vermehrung des Gesellschaftsvermögens zur Folge. Sie stellt vielmehr das unentgeltliche Aufgeben des Mitgliedschaftsrechts zugunsten der übrigen Aktien vor, die durch den Untergang des betreffenden Mitgliedschaftsrechts eine Wertsteigerung erfahren (l. c. S. 351).

Diese Erkenntnis ist keineswegs neu; dennoch ist der Sprachgebrauch bezüglich dieser Vorgänge der alte geblieben, ohne der juristischen Beurteilung derselben vorzugreifen. Wir finden in Seuff. Arch. 32, 69 eine Verordnung des ROHG. zu Leipzig (I. Senat) v. 4. II. 1876 abgedruckt, welche es dahin gestellt lassen will, ob man den Erwerb der Aktien behufs Verminderung des Grundkapitals überhaupt rechtlich als Kauf, oder nicht vielmehr als Heimzahlung sich zu diesem Zwecke darbietender Aktien für einen verabredeten Preis seitens der Aktionäre aufzufassen hat.

Bei der Einziehung aus dem Reingewinn wachsen die abgelösten Aktienrechte den verbleibenden Gesellschaftern zu; indem sie deren Anteilsquoten an dem Gesellschaftsvermögen den eingezogenen Anteilsrechten entsprechend erhöhen (vgl. Hergenhahn). Dadurch, daß der Aktienverein die durch Einziehung in seine Hand zurückgekehrten Aktien vernichtet oder an sich behält, wird der Preis der nicht eingezogenen Aktien durch die Aussicht auf reichere Dividenden, sowie auf einen größeren Teil des Vermögens der Gesellschaft bei deren Auflösung gesteigert. Dies drückt sich im Kurs der Aktie aus. Es wird deswegen zur Einziehung insbesondere auch dann geschritten, wenn der Kurs unter den Nennbetrag gesunken ist, da ein Unter-pari-Kurs dem Absatz der Aktien im allgemeinen, besonders aber auch einer etwa für die Zukunft vorgesehenen Neuausgabe von Aktien im Wege steht. Bei solchem Unter-pari-Ankauf wird ein buchmäßiger Gewinn erzielt. Dieser darf nicht als Dividende verteilt werden; die Gesellschaft käme so dazu, in einem Jahr, in dem sie vielleicht mit Verlust gearbeitet hat, unter dem Namen von Reingewinn Vermögen zu verteilen. Der Disagio-Gewinn aus der Ausnützung der Differenz zwischen Nennbetrag und gegenwärtigem Unter-pari-Kurs ist vielmehr den Reserven zuzuweisen.

VIII.

Buchung der Einziehung.

Wenn die Einziehung nach den für die Herabsetzung des Grundkapitals maßgebenden Vorschriften stattfindet, wird dadurch die Grundkapitalsziffer vermindert; die Buchung ist die gleiche wie bei der Herabsetzung; hier ist die Einziehung nur eine von verschiedenen Ausführungsmöglichkeiten der Herabsetzung, und diese letztere ist es, welche die Grundkapitalsziffer in Mitleidenschaft zieht. Eben deswegen ist für die Herabsetzung das ganze Sicherheitsverfahren notwendig, weil diese Folge der Verminderung der Grundkapitalsziffer eintreten soll, eine Folge, die für die Gläubiger nichts geringeres bedeutet, als daß ein Teil des den Gläubigern als Haftobjekt dienenden Kapitals ihnen und ihrem möglichen Zugriffe entzogen wird.

Die Einziehung aus dem nach der jährlichen Bilanz verfügbaren Gewinn dagegen hat mit einer Kapitalsherabsetzung nichts zu tun. Eine Herabsetzung des Grundkapitals ist nach der positiven Vorschrift des Gesetzes nicht anders möglich als nach den Vorschriften der §§ 288—291. Auf eine andere Weise kann sie nicht herbeigeführt werden, am wenigsten durch eine Einziehung aus dem Gewinn, denn sonst wäre nicht einzusehen, wozu diese Vorschriften gegeben sind, wenn der gleiche Effekt auch ohne ihre Beobachtung herbeigeführt werden kann. Das ist die wesentlichste Konsequenz des Unterschiedes zwischen der Einziehung nach § 227 ² und der Einziehung als Mittel der Kapitalsherabsetzung, daß die erstere an diese erschwerenden Vorschriften nicht gebunden ist, dafür natürlich auch nicht die schwerwiegenden Folgen nach sich ziehen kann, die jene Sicherungsvorschriften erforderlich machen.

Es ist schon ausgeführt, daß das Grundkapital lediglich ein Rechnungsposten ist, der als solcher immer unveränderlich bleibt, nicht berührt durch die Veränderlichkeit des Wertes der Vermögensgegenstände, in denen es festgelegt ist. Es ist dies die Ziffer, die immer gleich in der Bilanz erscheint. Sie bleibt solange unverändert, bis sie durch ein förmliches genau geregeltes Verfahren, sei es der Kapitalserhöhung oder der Kapitalsherabsetzung gewissermaßen feierlich verändert wird. Diese immer gleiche Einstellung der Grundkapitalsziffer in die Bilanz folgt aus ihrem Wesen und ihrer Bedeutung. Sie soll dafür sorgen, daß immer wenigstens eine ihrem Betrag gleichkommende Aktivenmenge vorhanden ist und vor der Erreichung dieses ihres Zweckes eine Ausschüttung von Aktivvermögen verhindern. Sie würde ihres Charakters als eines absolut sicheren Ventils, das aktive Vermögenswerte nur dann wegströmen läßt, wenn wirklicher Reingewinn vorhanden ist, entkleidet, wenn sie beliebig veränderlich wäre. Ihre Funktion wird nicht ebenso zuverlässig erfüllt, wenn etwa im Falle der Einziehung nach § 227 die Grundkapitalsziffer um den Betrag der eingezogenen Aktien vermindert, dafür aber dieser Betrag sonst unter den Passiven verbleiben würde, etwa im Reservefonds. Denn wo besteht hier eine Garantie dagegen, daß sich diese Passiven nicht wieder verflüchtigen, da es der Gesellschaft nicht verwehrt, unter Umständen sogar, wie das Wesen dieses Fonds erfordert, zur Pflicht gemacht ist, ihn anzugreifen. Dann wäre die Vermehrung, die der Reservefonds entsprechend der Verminderung der Grundkapitalsziffer erhalten hat, wieder verschwunden, und nichts anderes übrig geblieben, als die geminderte Grundkapitalsziffer, eine Wirkung, die das Gesetz nicht anders zu erreichen möglich lassen will, als durch Einhaltung der Vorschriften über die Herabsetzung des Grundkapitals.

Ehe wir daran gehen, die Gründe zu sammeln, die dafür sprechen, daß die Einziehung aus dem nach der jährlichen Bilanz verfügbaren Gewinn die Grundkapitalsziffer nicht berührt, sollen die Argumente der Gegner gehört und widerlegt werden. Gegen S t a u b , § 227 Anm. 7, welcher der Ansicht ist, daß nach der selbständigen Einziehung, d. i. der Einziehung aus dem Gewinn, nur der verringerte Betrag des Grundkapitals auf der Passivseite zu stehen habe, sei angeführt: S t a u b sagt: „der Einwand, daß auf diese Weise das gesamte

Aktienkapital aus dem Gewinn zurückbezahlt werden könne, ist an sich richtig, aber rechtlich bedeutungslos". Er nennt es rechtlich bedeutungslos, wenn die Grundkapitalsziffer ihre wesentlichste Bestimmung, einen Fonds zu Haftzwecken für die Gläubiger zu erhalten, unerfüllt läßt. Die Gläubiger müßten es sonach hinnehmen, daß das Grundkapital, das ihnen gegenüber die Kreditbasis darstellt, allmählich verschwindet, ohne daß die Sicherungsmaßregeln beobachtet werden, die das Gesetz für diese Fälle vorschreibt. Außerdem würde jeder Maßstab verloren gehen, um die gesetzliche Höhe des Reservefonds zu berechnen, wenn das Grundkapital, das hierfür maßgebend sein soll, infolge Einziehung aus dem Gewinn verschwindet. Staub sagt ferner: „seine Ansicht sei sicher annehmbarer, als die Tatsache, daß nach vollständiger Zurückzahlung des Grundkapitals dennoch dieses bilanzmäßig als vorhanden angesehen wird, ohne daß es in Wirklichkeit noch vorhanden ist". Staub zeigt hier wie an anderen Stellen, daß ihm der Unterschied zwischen der Einziehung aus dem Grundkapital und der aus dem Gewinn nicht klar geworden ist. Es handelt sich um die selbständige Einziehung, zu welcher der Reingewinn verwendet wird, nicht das Grundkapital, also kann keine Rede davon sein, daß letzteres in Wirklichkeit nicht mehr vorhanden wäre; es ist zur Einziehung gar nicht herangezogen, geschweige denn für sie aufgebraucht worden. Es ist auch in Wirklichkeit vorhanden, wenn es bilanzmäßig als vorhanden angesehen wird. Sein Betrag in der Bilanz bewirkt durch seine bloße Existenz auf der Passivseite, daß über den Betrag der sonstigen Passiven noch effektiv soviel an Aktiven konserviert wird als diese Ziffer angibt. Bilanzmäßiges Vorhandensein des Grundkapitals garantiert auch wirkliches Vorhandensein desselben. Es ist ebenso vorhanden wie es vorher war, nicht etwa, wie eine irrige Vorstellung annimmt, als wirklicher Fonds in bar oder in Wechseln oder in Effekten, sondern es ist ein seiner Ziffer gleichkommender Betrag von Aktiven aufbewahrt worden.

Auf dieselbe Verkennung des Begriffes Grundkapital ist die irrige Anmerkung 13 ² zu § 227 bei Staub zurückzuführen: „Richtig ist allerdings, daß durch jede Verminderung des Grundkapitals, also auch durch die, die infolge Amortisation aus dem Gewinn erfolgt, die Gläubiger insofern für die Zukunft schlechter gestellt werden, als nunmehr die verminderte Grundkapitalsziffer in den Passiven steht, sodaß der Aktionär schneller zu Dividenden kommt. Aber eine Schutzmaßregel hiegegen hat das Gesetz nicht angeordnet; sie kann daher nicht willkürlich hineingelegt werden". Abgesehen von dem schon erwähnten Grundirrtum, daß die Amortisation aus dem Gewinn eine Verminderung des Grundkapitals sei, ist diese Schutzmaßregel sehr wohl im Gesetz enthalten, indem es vorschreibt, daß der Betrag des Grundkapitals, d. i. der statutenmäßige Betrag, in der Bilanz unter den Passiven zu erscheinen hat. Auch gebraucht der Gesetzgeber das Wort „Grundkapital", wenn auch nicht immer in der gleichen Bedeutung, so doch soweit bilanztechnische Fragen in Betracht kommen, in dem Sinne eines Korrektivpostens, eines Substrahendums, das durch die Verwendung der darüber hinausgehenden Überschüsse nicht berührt werden kann und unabhängig ist von den Veränderungen, die in Wirklichkeit mit den Werten vorgehen, aus denen es gebildet ist.

Staub (Anmerkung 15 zu § 227) schreitet sogar zu der irrigen Konsequenz, die Bestimmung des § 291, die nur für die Herabsetzung gegeben ist, auch bei der Einziehung anzuwenden: er verlangt die Eintragung der durchgeführten Amortisation aus dem Gewinn in das Handelsregister. Er geht schließlich noch so weit zu empfehlen, daß ein Generalversammlungsbeschluß das Statut auf die verminderte Grundkapitalsziffer korrigiere. Wozu ist dann im 2. Absatz des § 227 die Unterscheidung der Einziehung aus dem nach der jährlichen Bilanz verfügbaren Gewinn von der Einziehung als Mittel der Herabsetzung so deutlich hervorgehoben, wenn Staub diesen Unterschied gänzlich verwischt. Staub fühlt selbst, daß er in seinen hieher bezüglichen Ausführungen mit dem Gesetzgeber nicht ganz einig geht und gibt letzterem die Schuld, indem er (S. 970 Anm. 9) „die unsystematische Behandlung dieser Art der Herabsetzung in § 227" rügt.

Staub führt für seine Ansicht bezüglich der Buchung der Einziehung aus dem Gewinn Rehm (S. 423) an, es sei festgestellt, daß auch Leist eine Veränderung der Grundkapitalsziffer nach § 227 annimmt. Wenn Staub aber außerdem Lehmann-Ring (Nr. 5) und Simon (220) für seine Ansicht zitiert, so tut er das, wie sich im nachfolgenden zeigen wird, mit Unrecht. Goldmann und Esser teilen zwar die im Text auszuführende Ansicht, daß die Grundkapitalsziffer durch die Einziehung aus dem Reingewinn nicht berührt wird, doch mit falscher Begründung, die sie eigentlich in Gegensatz zu derselben stellt. Sie nehmen beide irrigerweise an, daß eine Einziehung aus dem nach der jährlichen Bilanz verfügbaren Gewinn eine Minderung des Grundkapitals enthalte, desavouieren also in der Begründung das von ihnen vorangestellte, der Denkschrift S. 138 entnommene Prinzip: „Es versteht sich von selbst, daß im Falle der Amortisation aus dem Jahresgewinn entweder das unveränderte Grundkapital oder neben dem verminderten Grundkapital ein dem Nennbetrage der amortisierten Aktien entsprechender besonderer Posten unter die Passiven aufzunehmen ist.“

In Konsequenz der früheren Ausführungen über die Unveränderlichkeit der Grundkapitalsziffer ist die in der Denkschrift erst genannte Buchungsart der letzteren vorzuziehen. Diese hat aber auch ihre Anhänger, insbesondere Lehmann-Ring und Simon. Simon S. 209 sagt zwar, daß immer „das Grundkapital“, nicht etwa nur ein Teil desselben auf die Passivseite der Bilanz zu setzen sei und berichtet aus der zur Begutachtung des nichtveröffentlichten Entwurfs im Reichsjustizamt berufenen Kommission, daß die hieher bezügliche Vorschrift in jenem Entwurf auch dahin gelautet habe, daß „das im Gesellschaftsvertrag bestimmte Grundkapital“ unter den Passiven angegeben werden muß. Er weicht aber von diesem Grundsatze ab, wenn er an anderer Stelle (S. 222) ausführt, daß zwar der Betrag der aus dem Reingewinn amortisierten Aktien auch fernerhin in der Passivseite der Bilanz fungieren muß, dies aber in einem besonderen Posten zu geschehen hat.

„Aktienkapital“, sagt er, „stellen diese amortisierten Aktien, selbst dann, wenn für dieselben sogenannte Genußscheine gewährt sind, nicht mehr dar. Sie bilden, wenn wir den Effektivstand des Aktienkapitals in das Auge fassen, daher eine Kapitalrücklage der Gesellschaft. Diese schließt eine dem Betrage der amortisierten Aktien gleichkommende Summe des Reingewinnes von künftigen Dividendenverteilungen aus. Diese Summe stellt mithin gleichfalls einen Reservefonds dar, und es würde korrekt sein, denselben ausdrücklich als „Reservefonds durch Amortisation von Aktien gebildet“ zu bezeichnen und nur den Nennbetrag der effektiv im Umlauf befindlichen

Aktien als Aktienkapital fernerhin zu buchen. In der Praxis findet sich hiefür vielfach der Ausdruck „Amortisationsfonds"; doch ist dieser wegen seiner Vieldeutigkeit zu vermeiden. Wo Aktien aus dem Reingewinn amortisiert werden, ist jener Betrag ein gesetzlich notwendiger Reservefonds."

Ähnlich will Lehmann-Ring Nr. 5 den Betrag der amortisierten Aktien als gesetzlich notwendigen Reservefonds buchen. Doch hat diese Buchungsart keine gesetzliche Grundlage; es müßte doch im § 262, der diejenigen Beträge nennt, die notwendig dem Reservefonds zufließen, auch hievon Erwähnung getan sein. Der Gesetzgeber hätte das gewiß bei dieser Gelegenheit mit ausgesprochen, umsomehr, als eine innere Beziehung zwischen diesem angeblichen Bestandteil des gesetzlich notwendigen Reservefonds und den im § 262 genannten, die eine derartige Zuführung zu demselben auch ohne besondere Bestimmung nahelegen könnte, nicht besteht. Behrend führt außerdem gegen diese Buchungsart mit Recht an, daß sich aus ihr eine nicht gerechtfertigte Kürzung der Rücklagen in den auf die Amortisation folgenden Bilanzjahren ergeben würde.

Nach Behrend S. 953 muß vielmehr — das soll das thema probandum sein — der volle Betrag des bisherigen Grundkapitals in der Jahresbilanz als Passivum erscheinen, und dieser Betrag bleibt nach wie vor maßgebend für die gesetzlich oder statutenmäßig erforderlichen Rücklagen, insoweit dieselben nach Bruchteilen des Aktienkapitals bestimmt sind.

Gleich von vornherein sei bemerkt, daß diese Buchungsart nicht etwa die bisherigen Einziehungen unersichtlich läßt, deren Nachweis vielmehr aus der eigentlichen Bilanz in die Kolumne „vor dem Strich", wie sich die Bilanztechniker ausdrücken, verweist. Die Buchung würde etwa folgende sein:

Passiva

Aktien-Kapital-Konto:

Umlaufende Aktien	500 000 Mk.	
Eingezogene Aktien	500 000 „	1 000 000 Mk.
		1 000 000 Mk.

Für die Einstellung der vollen Grundkapitalsziffer bei Einziehung aus dem nach der jährlichen Bilanz verfügbaren Gewinn sprechen sich aus: Cosack (§ 120, V), Reisch bei Holdheim (13, 38), Preuß. Oberverwaltungsgericht (10, 288), Klemperer, Pinner 227, II, 1, Makower 12. Aufl. zu § 227, Lehmann, Aktiengesellschaften I 171 und II 140 und 294, Berliner 133 ff., u. a.

Anteilsrechte gelangen überhaupt nicht zur Buchung in der Bilanz; die Einziehung derselben ist daher eine Maßregel, welche für die Gestaltung der Bilanz ohne jeden Einfluß bleibt. Ferner gehört auch nicht in die Bilanz die Verwendung des Reingewinnes. Nur der Reingewinn als solcher erscheint in derselben. Er wird nach den Anordnungen der die Bilanz genehmigenden Generalversammlung verwendet, ob zur Auszahlung von Dividenden, ob zu Rücklagen, ob zu Einziehungen ist für die eigentliche Bilanz gleichgültig, eine detaillierte Aufstellung hierüber kann höchstens vor dem Strich stattfinden.

Die Grundkapitalsziffer darf um deswillen nicht verringert werden, weil die hier in Frage stehende Einziehung aus dem Gewinn erfolgt, nicht aus dem Grundkapital, das überhaupt kein Aktivum ist. Sie erfolgt nicht einmal aus den Aktiven, die seiner Ziffer entsprechen; denn eine Einziehung nach § 227 kann nur aus solchen Aktiven erfolgen, die jenen in der Grundkapitalziffer angegebenen Betrag noch übersteigen. Die gegnerische Anschauung beruht auf einer Verwechslung von Vermögen und Grundkapital, die bei der Aktiengesellschaft nur im Augenblick ihrer Entstehung zusammenfallen, nachher aber nichts mehr miteinander zu tun haben und für immer auseinander fallen. Vermögen, das ist ein Aktivum, ist zur Einziehung verwendet und endgültig aus der Gesellschaft weggegeben worden, kann also nicht wieder in der Bilanz erscheinen, auch nicht im Reservefonds; denn es ist nicht an diesen zugewiesen, sondern an Aktionäre hinausgegeben worden.

Außerdem haben wir bei der Einziehung aus dem Gewinn nicht die Sicherheitsvorschriften zugunsten der Gläubiger. Die Grundkapitalsziffer hat aber wesentlich die Funktion eines Sicherheitsventils im Interesse der Gläubiger in dem Sinn, daß immer soviel an Aktiven vorhanden sein muß, daß die Hauptziffer der Passivseite, d. i. das Grundkapitalkonto, andere seien vernachlässigt, mindestens erreicht wird. Wie könnte aber diese Funktion erfüllt werden, wenn ein Gläubiger, der aus dem Handelsregister ersehen hat, daß eine Gesellschaft mit einem Grundkapital von einer Million begründet ist, der sich also darauf verläßt, daß die Gesellschaft auch wenigstens soviel an Aktiven für die Gläubiger reserviert, ehe sie an eine Gewinnverwendung geht, plötzlich erfährt, daß sich das Grundkapital verflüchtigt hat, indem durch fortlaufende Einziehungen die Grundkapitalsziffer schließlich nahezu verschwunden ist. Daß er alljährlich in der Bilanz die Verwendung des Reingewinnes, soweit sie überhaupt in derselben zum Ausdruck kommt, einsehe, ist dem Gläubiger weder direkt noch indirekt zur Pflicht gemacht. Im Gegenteil ist der Gedanke des Gesetzgebers deutlich genug zum Ausdruck gebracht, daß für die Orientierung der Gläubiger das Handelsregister bestimmt, also jedenfalls auch geeignet sein muß. Ein fernestehender Gläubiger muß die Sicherheit haben, daß, soferne nicht eine Aufforderung im Sinne des § 289 an ihn gelangt ist, das Grundkapital noch in der Höhe wenigstens buchmäßig zu Recht besteht, die er bei Begründung seiner Verbindung mit der Gesellschaft aus dem Register ersehen hat. Eben deswegen bedarf es bei der Einziehung aus dem Gewinn auch nicht der Vorsichtsmaßregel des Sperrjahres, es können die Auszahlungen an die Aktionäre sofort bewirkt, also auch sogleich dem Rückruf entzogen werden, da es sich nicht um Verwendung von Grundkapital, sondern von freiem zur Verfügung der Generalversammlung stehenden Reingewinn handelt — im Gegensatz zu der Herabsetzung, bei welcher Auszahlungen oder Befreiungen ein volles Jahr sistiert werden müssen.

Anderseits gibt es auch keine Erhöhung der Grundkapitalsziffer ohne das besondere Erhöhungsverfahren. Werden z. B. Zuzahlungen der Aktionäre ohne dieses besondere Verfahren erhoben, so vermehren diese zwar das Vermögen der Gesellschaft, erhöhen aber nicht die Grundkapitalsziffer. Es ist daran festzuhalten, daß die Grundkapitalsziffer nur durch ein förmliches Verfahren, sei es der Erhöhung oder der Herabsetzung, geändert werden kann.

Diejenige Ansicht, die davon ausgeht, daß die Grundkapitalsziffer, um den Betrag der eingezogenen Aktien vermindert, einzustellen sei, scheint von dem verbreiteten Irrtum beeinflußt zu sein, daß das Grundkapital in dem Sinne Passivum sei, daß es eine Schuld der Aktiengesellschaft darstelle, so ungefähr als ob die Gesellschaft juristisch verpflichtet sei, die ihr geleisteten Einzahlungen wieder zurückzuzahlen, sodaß nach ihrer Zurückzahlung jene vermeintliche Schuld um ebensoviel verringert erscheinen müßte; eine Auffassung, die das Gesetz in seinen §§ 213, 300 ausdrücklich ablehnt. Das Grundkapital ist, so wie es in der Bilanz erscheint, nur ein Rechnungsposten, wesentlich im Interesse der Gläubiger, nicht der Aktionäre; es zeigt nicht einmal an, daß auch wirklich soviel Kapital eingezahlt worden ist, es könnte auch mehr oder weniger gewesen sein.

Diejenigen, die lediglich das verminderte Aktienkapital buchen wollen, werden von Simon Seite 124 ad absurdum geführt: Nehmen wir an, eine Gesellschaft, welche ein Kapital von 100 000 Mk. hat, hätte im ersten Jahr einen Reingewinn von 5000 Mk. erzielt. Die erste Bilanz müßte dann lauten (die gesetzlich notwendige Einstellung eines Reservefonds mag hier außer Betracht bleiben):

Aktiva	ℳ	Passiva	ℳ
Diverse Aktiva	105 000	Aktienkapital-Konto	100 000
		Reingewinn . . .	5 000
	105 000		105 000

Diese 5000 Mk. Reingewinn sollten zur Einziehung von 5000 Mk. Aktien verwendet werden. Würde die Gesellschaft im zweiten Jahr ohne Gewinn oder Verlust arbeiten, sodaß also die Aktiva 100000 Mk. ausmachen, so müßte, wenn das verminderte Aktienkapitalkonto in die Bilanz gestellt würde, dieses Konto auf 95 000 beziffert werden, und es würde, da die Differenz zwischen Aktiven und Passiven den Reingewinn darstellt, ein Betrag von 5000 Mk. als Reingewinn in der Bilanz figurieren, trotzdem im Geschäftsbetrieb, wie vorausgesetzt, ein Gewinn tatsächlich nicht erzielt ist.

Die Bilanz würde lauten:

Aktiva	ℳ	Passiva	ℳ
Diverse Aktiva	100 000	Aktienkapital-Konto	95 000
		Reingewinn . . .	5 000
	100 000		100 000

Bei einer solchen Buchung würde mithin in der Bilanz des zweiten Jahres, obwohl dasselbe einen Reingewinn nicht gebracht hat, der Betrag, welcher auf Grund der Bilanz des ersten Jahres zur Amortisation von Aktien verwendet werden sollte, auch im zweiten als verteilbarer Reingewinn erscheinen. Dieser Reingewinn würde abermals zur Einziehung von Aktien verwendet werden können. Denkt man sich dieses Verfahren 20 Jahre lang fortgesetzt, so würde schließlich das ganze Kapital aufgezehrt sein, trotzdem scheinbar stets nur Einziehungen aus dem Reingewinn stattgefunden haben.

Ebenso aber kann die Buchung derjenigen, welche zwar an der unveränderten Gesamtsumme der Passiven nicht rütteln, die aber unter Verminderung der Grundkapitalsziffer den Betrag der amortisierten Aktien dem Reservefonds zuführen, nicht korrekt sein. Hier wäre die gefährliche Folge, daß die an sich nur vorteilhafte Vermehrung der Reserven bei einem Bilanzverlust wieder verschwinden könnte, ohne daß eine Verpflichtung besteht, sie vor Auszahlung neuen Reingewinnes in der früheren Höhe wieder herzustellen, wie sie bestehen würde, wenn jener Betrag der eingezogenen Aktien nicht vom Grundkapital abgeschrieben worden wäre. Eine Wiederherstellungspflicht des Reservefonds besteht nur dann und soweit, als er unter den zehnten oder den im Gesellschaftsbetrag bestimmten höheren Teil des Grundkapitals herabgesunken ist. Infolge der Verminderung der Grundkapitalsziffer hat sich aber auch die gesetzliche Mindesthöhe des Reservefonds gegen ihren ursprünglichen Betrag vermindert. Der Reservefonds müßte also nicht einmal zu der früheren gesetzlichen Mindesthöhe wieder angefüllt werden, sondern nur bis zum zehnten bezw. vertragsmäßigen höheren Teil des neuen verminderten Grundkapitals. Der amortisierte Betrag des Grundkapitals ist bei diesem Verfahren zwar unter den Passiven geblieben, aber unter Passiven, die sich nicht der gleichen gesetzlichen Bestandsgarantie erfreuen, wie das Grundkapital. Dieses aber muß beständig sein, wie könnte es sonst der Gesetzgeber zum Maßstab für andere sehr wichtige Bilanzposten machen, eine Erwägung, die dazu zwingt, anzunehmen, daß der Gesetzgeber die Grundkapitalsziffer für absolut unveränderlich hält. Die Angabe der Höhe des Grundkapitals wird sogar als wesentlichster Bestandteil des Gesellschaftsvertrags erklärt; jeder Mangel in Bezug auf die einzelnen im Gesellschaftsvertrag vorgeschriebenen Festsetzungen ist nach § 310 heilbar. Keine Heilung dagegen ist vorgesehen, wenn es sich um einen Mangel handelt, der die Bestimmungen über die Höhe des Grundkapitals betrifft. Wozu das, wenn die Grundkapitalsziffer einer fortwährenden unkontrollierbaren Veränderung durch Einziehungen aus dem Gewinn ausgesetzt wäre?

Die Bazar-Aktiengesellschaft, die ihre sämtlichen Aktien eingezogen und durch Genußscheine ersetzt hat, führt an Stelle des Aktienkapital-Kontos ein Genußschein-Konto, welches seiner Höhe nach dem ursprünglichen Grundkapital entspricht. Man könnte sagen: Namen tun nichts zur Sache; es genüge, daß trotz Einziehung das Grundkapital in seiner ursprünglichen Höhe unter den Passiven geblieben ist. Die Bazar-Aktiengesellschaft hat aber, da sie ein Aktienkapital-Konto nicht mehr führt, daraus die weitere Konsequenz gezogen, daß sie auch keinen Reservefonds halten müsse, und diesen aufgelöst. Dies ist ohne Zweifel inkorrekt; hätte sie die eingezogenen Aktien weiter als Grundkapital gebucht, so hätte sie nie zu dieser irrigen Anschauung kommen können. Sie mußte denn auch auf Veranlassung des Registerrichters mit der Wiedererrichtung eines Reservefonds beginnen.

Eine eigenartige Buchung der Einziehung ist jene, wie sie einer großen ausländischen Gesellschaft beliebt, deren Aktien an der Berliner Börse gehandelt werden, nämlich die aus dem Reingewinn eingezogenen Aktien zwar in den Passiven weiter zu führen, dieselben amortisierten Aktien jedoch zugleich in die Aktiven einzustellen. Eigene Aktien aber, zu Einziehungszwecken erworben, bedeuten in der Hand der Gesellschaft non-valeurs. Diese Buchungen heben sich gegenseitig auf, und man wird geneigt sein, ein solches Verfahren nicht nur als unzulässig, sondern als ein den Vermögensstand verschleierndes anzusehen (vgl. Simon 223).

IX.

Genußscheine an Stelle eingezogener Aktien.

Wenn auch regelmäßig bei der Einziehung von Aktien die davon betroffenen Aktionäre vollständig aus der Gesellschaft ausscheiden, kommt es bisweilen vor, daß sie in einer mehr oder weniger engen

Verbindung mit der Aktiengesellschaft verbleiben. In solchen Fällen treten an Stelle der eingezogenen Aktien sogenannte Genußscheine. Wir sprechen hier nur von jenen Genußscheinen, die im Zusammenhang mit einer Einziehung vorkommen und lassen die Fälle beiseite, wo Urkunden mit anderem rechtlichen Charakter, die unter Umständen gar nicht speziell aktienrechtlicher Natur sind, als Genußscheine bezeichnet werden. Es kommt z. B. vor, daß Vorbesitzer, Gründer, Obligationäre, Darlehnsgläubiger, sogenannte Genußscheine bekommen, welche die Verbriefung einer Quote des Reingewinns enthalten; oder daß bei Zuzahlungen ohne Erhöhung des Grundkapitals Genußscheine ausgegeben werden, welche die dafür gewährten Vorzugsrechte, insbesondere die Vorzugsdividende oder einen vorzüglichen Anteil am Liquidationserlös verbriefen: außerdem gibt es Genußscheine, auch bonus genannt, die auf feste Beträge lauten, das sind z. B. Urkunden über die auf Grund einer beschlossenen Rückzahlung geschuldeten Beträge; vgl. Gautinger Immobiliengesellschaft A.-G. in München. Abfindungen der Vorbesitzer werden mitunter in solchen Genußscheinen, welche auf feste Beträge lauten, verbrieft, vgl. Fabrik photographischer Apparate auf Aktien vorm. R. Hüttig & Sohn, Dresden. Auch kommt es vor, daß zu Aktien, die einen allzuhohen, die Leichtigkeit des Umsatzes beeinträchtigenden Kurs erreicht haben, Genußscheine, inkorrekterweise auch Gratisaktien genannt, ausgegeben werden, die dann selbständige Handelsobjekte sind usw.

Bevor wir auf die Genußscheine, welche an Stelle eingezogener Aktien treten, näher eingehen, betrachten wir einen anderen Fall: der Nennbetrag einer Aktie sei 1000 Mk., die Aktie stehe infolge langjähriger Unterbilanz auf einem Kurs von 50. Statt einer Zusammenlegung wird ein einfacherer Weg gewählt, es wird auf jede Aktie eine Zubuße von 500 Mk. einverlangt. An und für sich wäre kein Aktionär verpflichtet, sie zu zahlen; daß aber eine solche Maßregel zulässig ist, wenn die Zahlungen freiwillig erfolgen, ergibt sich aus § 262 Ziff. 3, der von solchen Zuzahlungen ohne Erhöhung des Grundkapitals gegen Gewährung von Vorzugsrechten spricht. Man stellt die Aktionäre vor die Alternative: wer zubezahlt, bekommt irgendwelche Vorzugsrechte, z. B. eine bestimmte Vorzugsdividende, wer nicht bezahlt, muß sich eine gleichwertige Zusammenlegung gefallen lassen. Die Aktien, für die nachbezahlt worden ist und die mit Vorzugsrechten ausgestattet worden sind, heißen Prioritätsaktien oder Vorzugsaktien, die anderen Stammaktien, preferred shares oder preference shares — deferred shares oder common shares.

Nun das Gegenstück: das Geschäft ist besser gegangen als vorher. Die Gesellschaft, statt 500 zu verlangen, bezahlt ihren Aktionären 500 Mk. pro Aktie zurück, oder da dies nicht auf einmal geschehen kann, wird es in der Praxis häufiger so gemacht, statt teilweiser Rückzahlung auf mehrere Aktien werden einzelne herausgegriffen und diese nicht nur mit einem Teilbetrag, sondern mit dem ganzen Nennbetrag abgefunden. Dies kann aus dem Grundkapital oder aus einem aus den Reinerträgnissen früherer Jahre zu diesem Zweck angesammelten Fonds geschehen. Die betreffenden Aktionäre scheiden aber nicht aus der Gesellschaft aus, sondern sie gehören derselben nach wie vor an, mit den gleichen Rechten, nur müssen sie sich das Vorausempfangene auf den Liquidationserlös anrechnen lassen und einen der Verzinsung, die sie von dem zurückempfangenen Kapital nun selbst genießen, entsprechenden Abzug für eine Vorzugsdividende z. B. von 5 Prozent für diejenigen Aktionäre, deren Aktien noch nicht eingezogen sind, gefallen lassen. Statt der eingezogenen Aktienscheine werden die weiter bestehenden Rechte durch Genußscheine verbriefst. Hier haben wir auch zwei Gattungen von Aktien, nichts hindert uns, Genußscheine solcher Art als Aktien zu bezeichnen, die ursprünglichen und solche, für die der Nennbetrag zurückbezahlt ist. Die ersteren wollen wir wieder Stammaktien nennen, die anderen, da die Parallelle zum vorhergehenden Fall eine vollständige ist, Nachaktien im Gegensatz zu den Vorzugsaktien des vorher gegebenen Falles. An Stelle dieser von uns so genannten „Nachaktien" sind Genußscheine ausgegeben.

Sind nun auf die gleiche Weise alle Aktien zu Nachaktien oder Genußscheinen geworden, so hat es keinen Sinn mehr, von Nachaktien zu sprechen, man kann sie wieder Stammaktien nennen, wie im entgegengesetzten Fall, wenn die Stammaktien den gleichen Rang wie die Prioritätsaktien erhalten, man nicht mehr die sämtlichen gleichstehenden Aktien als Vorzugsaktien zu bezeichnen genötigt ist, vielmehr nichts im Wege steht, die nunmehr wieder in gleichem Range stehenden Aktien sämtlich Stammaktien zu nennen oder überhaupt von einem ein früher bestehendes Rangverhältnis andeutenden Zusatz abzusehen. Es gibt Juristen, die eine Aktiengesellschaft, welche alle Aktien eingezogen hat und nur mehr aus Genußschein-Inhabern der eben gekennzeichneten Art besteht, nicht mehr als solche anerkennen. Unseres Erachtens stellt eine solche wieder eine reinere Aktiengesellschaft dar, als sie es zu der Zeit war, wo sie Aktien und Genußscheine nebeneinander hatte, und während dieser Zeit hat ihr niemand die Natur der Aktiengesellschaft abgestritten. In der Tat gibt es auch solche Aktiengesellschaften; es sei hier genannt die Bazar-Aktiengesellschaft in Berlin, Charlottenstraße 11, die ihr gesamtes Aktienkapital von ursprünglich 2 550 000 Mk. zu pari zurückgezahlt hat, ferner die Aktiengesellschaft Vereinigte Fabriken photographischer Papiere in Dresden, welche in gleicher Weise ihr Aktienkapital von 1 380 000 Mk. aus dem Reingewinn zurückgezahlt hat u. a.

Wir haben bisher immer angenommen, daß die Einziehung aus dem Reingewinn erfolgt. Eine vollständige Einziehung der Aktien aus dem Reingewinn läßt die Aktiengesellschaft als solche bestehen. Wie ist es aber, wenn die Einziehung nicht aus dem Reingewinn, sondern aus dem Grundkapital erfolgt? Hier ist zu sagen, eine Einziehung sämtlicher Aktien aus dem Grundkapital gibt es eigentlich nicht. Die Einziehung aus dem Grundkapital ist eine Herabsetzung, eine Herabsetzung des Grundkapitals auf 0 ist die Auflösung. Für die Auflösung genügt aber nicht die Beobachtung der Bestimmungen über die Herabsetzung, sondern es sind die weitergehenden über die Auflösung heranzuziehen. Nur die Amortisation aus dem Grundkapital ist gemeint, wenn die Denkschrift zum HGB. (Seite 78, l.) sagt: „Daß die Aufzählung der Auflösungsgründe in § 292 nicht erschöpfend ist, ergibt sich aus dem beibehaltenen Absatz 2, wonach die Vorschriften des 5. Titels entsprechende Anwendung finden, wenn die Auflösung der Gesellschaft aus anderen Gründen, z. B. durch Amortisation sämtlicher Aktien eintritt".

Die Vorstellungen in der Praxis bezüglich dieser Frage sind etwas verschwommen. Es spukt überall der Gedanke, daß es mit einer Aktiengesellschaft, die sämtliche Aktien eingezogen hat, doch nicht so einfach sein könne, wie oben ausgeführt. Da man häufig die Ansicht hören kann, eine solche Gesellschaft sei keine Aktiengesellschaft mehr, hat man es vielfach für notwendig gehalten, zur Beruhigung irgendwelche besondere Bestimmungen zu treffen, welche erklären, wie es mit den Eigentums- oder Besitzverhältnissen einer derartigen Gesellschaft sei. Nach unserer Ansicht besteht die Gesellschaft nach wie vor weiter und ist auch nach wie vor Eigentümerin des Gesellschaftsvermögens. In der Zirkularverfügung der preußischen Regierung wegen der bei Bestätigung der Statuten von Aktiengesellschaften festzuhaltenden Grundsätze vom 26. März 1856 findet sich als 24. Grundsatz:

„Die Amortisation der Aktien aus dem Reingewinn ist nicht unzulässig, wohl aber die Bestimmung, daß nach der Amortisation aller Aktien das Vermögen der Gesellschaft ohne weiteres freies Gut der Beteiligten wird".

Eine solche Bestimmung wäre nicht nur unzulässig, sondern gänzlich überflüssig. Die Eigentumsverhältnisse bezüglich des Gesellschaftsvermögens bedürfen keiner Regelung, da sich an ihnen nichts geändert hat. Inkorrekt ist die Ausdrucksweise des Geschäftsberichtes der erwähnten Bazar-Aktiengesellschaft von 1896/97, welcher sagt: „Die Herren Genußschein-Inhaber sind Alleinbesitzer des Unternehmens". Eigentümer und Besitzer sind nicht die Gesellschafter, sondern die Gesellschaft, die als solche selbständig Rechte und Pflichten hat (§ 210).

Solche Gesellschaften, die sämtliche Aktien eingezogen haben, sind sehr selten. Regel ist, daß neben den Genußscheinen noch Stammaktien bestehen. Es gibt allerdings Fälle der Einziehung, wo sich die Gesellschaft nach Einziehung aller Aktien auflöst, wo die Beendigung der Einziehung der Aktien gewissermaßen den Zeitpunkt der Auflösung bestimmt. Der eine Haupttypus stellt eine systematische Herabsetzung dar, wobei aber die letzte Herabsetzung auf 0 die Auflösung bedeutet; der andere ist zwar keine Herabsetzung, da die Einziehung aus dem Reingewinn erfolgt, doch ist die Auflösung hiebei gesetzlich und statutarisch vorgesehen.

Beispiele des ersteren Falles sind hauptsächlich die Terrain-Aktiengesellschaften. Deren Grundkapital ist in Immobilien investiert. Diese werden bestimmungsgemäß veräußert. Das Geld, das beim Verkauf der Grundstücke erlöst wird, soll in der Gesellschaft nicht weiter verwendet werden, sie hatte sich ja keinen anderen Zweck gesetzt, als einen oder mehrere Grundkomplexe dem allmählichen Verkauf zuzuführen. Ein Stück nach dem anderen geht weg, das dafür erlöste Kapital wird, da für die Gesellschaft überflüssig, den Aktionären zurückbezahlt. Das kann so geschehen, daß periodenweise pro Aktie ein bestimmter Betrag zurückbezahlt oder ein Teil der Aktien zum Nennbetrag eingezogen wird. Daneben können noch ganz respektable Dividenden verteilt, vielleicht außerdem noch aus dem Reingewinn amortisiert werden. Sind alle Aktiven, d. i. alle Grundstücke veräußert, in denen das Grundkapital investiert war, dann hat die Gesellschaft ihren Zweck erfüllt und ihr Ende erreicht, sie hat nur noch den etwaigen Aktivenüberschuß bei der Liquidation zu verteilen.

Der zweite Fall kommt namentlich bei verschiedenen ausländischen Eisenbahngesellschaften, aber auch bei anderen Unternehmungen vor, die gemeinschaftlich mit dem Namen „heimfällige Unternehmungen" bezeichnet werden. In Österreich-Ungarn und Rußland, ähnlich auch in Italien und Frankreich sind die Privat-Eisenbahngesellschaften vom Staat nur für eine bestimmte Zeit, meistens für 80—90, auch wohl auf 99 Jahre, konzessioniert worden. Nach Ablauf dieser Frist fällt die Bahn ohne alle Entschädigung an den Staat, und daher muß das ganze Obligationen- und Aktien-Kapital der Bahn innerhalb der Konzessionsdauer getilgt werden. Neuerdings sind ähnliche Vorgänge in Norwegen zu beobachten, wo sich der Staat bei Konzessionierung der Anlagen zur Ausnützung der Wasserkräfte an Ausländer das unentgeltliche Rückfallsrecht vorbehält. Die Tilgung der Aktien erfolgt durch Einlösung der ausgelosten Aktien zum Nennwert, unter gleichzeitiger Ausreichung eines Genußscheines an den letzten Inhaber der ausgelosten Aktie. Dies hat den Zweck, die ersten 5 Prozent der Dividende, welche auf die ausgelosten Aktien bisher bezahlt wurden, abzulösen. Diese abgelösten 5 Prozent werden zur jährlichen Tilgungsquote hinzugefügt und behufs beschleunigter Tilgung des Aktienkapitals wieder zur Einlösung der Aktien verwendet. Die Superdividende über die ersten 5 Prozent erhalten die Inhaber der Genußscheine bis zum Schluß der Konzessionsdauer weiter und sie bleiben auch, wenigstens nach den Bestimmungen der meisten Statuten, im Besitz aller sonstigen

Rechte, welche den Aktionären zustehen (Stimmrecht, Bezugsrecht auf neue Aktien usw.).

Bei Unzulänglichkeit des Reinertrags wird eventl. auch der Reservefonds zur Bestreitung der Aktientilgung herangezogen. Bei Auflösung der Gesellschaft, d. h. bei Erlöschen der Konzession und unentgeltlichem Übergang der Bahn an den Staat, haben die Genußschein-Inhaber insofern noch Aussicht auf eine Schlußzahlung, als der Mehrwert des Wagen- und Lokomotivparkes gegen die bei der Konzession vorgeschriebene erste Anschaffung, ferner der Reservefonds und noch einiges andere nicht an den Staat übergeht, sondern von letzterem erworben werden muß und der Erlös unter die Genußschein-Inhaber verteilt wird (vgl. Saling, Börsen-Papiere I. Teil 11. Aufl.).

Es ist klar, daß die Aktien ohne diese Einziehung einer allmählichen Entwertung anheimfallen würden, da bei Ablauf der Konzession nur mehr wenig zu verteilen wäre. Die Gesellschaft verfährt nun nicht so, daß sie alle Überschüsse in Form von Dividenden verteilt, die zwar sehr groß ausfallen würden, wobei aber der erwähnte Mißstand eintritt, daß die Aktien trotzdem immer mehr entwertet würden. Es wird vielmehr der andere Weg eingeschlagen, daß entweder auf alle Aktien von Zeit zu Zeit ein Teilbetrag zurückgezahlt wird, oder was häufiger vorkommt, daß alljährlich einige Aktien ausgelost und auf diese der volle Nennbetrag zurückbezahlt wird. An Stelle der eingezogenen Aktien treten Genußscheine. Die Genußschein-Inhaber sind nach wie vor Mitglieder der Gesellschaft, aber nicht mehr Vollaktionäre, sondern Nachaktionäre. Sie erhalten Dividenden, aber erst nach Abzug einer Vorzugsdividende von meist 5 Prozent für die Vollaktionäre, da letztere ja ihr Kapital noch nicht erhalten haben, während sie im übrigen mit den gleichen Rechten wie früher ausgestattet bleiben.

Was die rechtliche Natur der bei der Einziehung ausgegebenen Genußscheine anlangt, so herrscht hierüber keine Einstimmigkeit. Bei Genußscheinen, die an Stelle von ausgelosten Aktien treten, sind die Inhaber meist Aktionäre, in welchem Fall ihnen auch die hauptsächlichsten Rechte, insbesonders Stimmrecht, bleiben, oder aber sie scheiden als Aktionäre aus und werden schlichte Gläubiger der Gesellschaft auf den Nennwert oder Kaufpreis, in welchem Fall sie ihre Mitgliedschaft verlieren. Wenn also bei der Einziehung aus dem Reingewinn Genußscheine ausgegeben werden, regelmäßig ist dies janicht der Fall, da in den meisten Fällen die Inhaber der eingezogenen Aktien ganz aus dem Gesellschaftsverband ausscheiden, so ist die Veränderung des in der Aktie verkörperten Anteilsrechts keine wesentliche; die so entstandenen Genußscheine sind ihrem Wesen nach nichts anderes als Aktien (Entsch. des Preuß. Oberverwaltungsgerichts in Steuersachen vom 27. September 1902 Bd. X S. 281), ihre Inhaber Aktionäre, nach wie vor Mitglieder der Gesellschaft und mitberechtigt, über deren Verhältnisse zu verfügen.

Hat eine Aktiengesellschaft Genußscheine, die nicht Aktien sind, bei welchen die aus der Mitgliedschaft hervorgehenden Rechte, insbesondere das Stimmrecht, ausgeschlossen sind, ausgestellt, sodaß die Genußschein-Inhaber auf die Dauer des Bestehens der Gesellschaft nur Anspruch auf gewisse Prozentsätze vom Reingewinn haben, so ist die Gesellschaft durch diese noch in gewisser Beziehung gebunden, indem jede Möglichkeit ausgeschlossen ist, über den Reingewinn in einer Weise zu verfügen, durch welche die Feststellung dieser Prozentsätze zum Nachteil der Genußschein-Inhaber beeinflußt werden würde. Sie kann also nur dasjenige, was nach voller Befriedigung der Genußschein-Inhaber vom Reingewinn übrig bleibt, denjenigen Teil des Gewinnes, der danach noch zu ihrer freien Verfügung steht, zur Abänderung des Aktienkapitals verwenden. Hat die Gesellschaft ferner den Genußschein-Inhabern für den Fall der Auflösung gewisse Prozente von dem Gesellschaftsvermögen zugesichert, so ist sie nicht berechtigt, von demjenigen Teile des Reingewinnes, welcher statutengemäß zu Abschreibungen oder zur Überweisung an den Reservefonds, mithin zur Erhaltung und Sicherstellung des Kapitalwertes des Unternehmens dienen soll, etwas in anderer Weise, insbesondere zur Herabsetzung des Grundkapitals zu verwenden und dadurch diejenigen Werte zu entziehen, aus welchen sich das Objekt der Verteilung bei dereinstiger Auflösung der Gesellschaft zusammensetzt (vgl. OLG. zu Dresden vom 8. April 1886; Annalen des Kgl. sächs. OLG. 1886 S. 467 ff.; Hergenhahn, Reichsgesetz betreffend die Kommanditgesellschaften auf Aktien und die Aktiengesellschaften vom 18. Juli 1884, Berlin W. 1891).

Sachregister.

Die Zahlen bedeuten die Seiten.

Kolibri 360 GmbH
Ferdinand-Jühlke-Straße 7
99095 Erfurt, Deutschland
produktsicherheit@kolibri360.de